日本报刊文章精选

主　编：钟玉秀　于　鹏
副主编：郝　蕊　徐　川

南开大学出版社
天　津

图书在版编目(CIP)数据

日本报刊文章精选 / 钟玉秀，于鹏主编. 一天津：南开大学出版社，2009.5(2014.7 重印)

ISBN 978-7-310-03132-0

Ⅰ.日… Ⅱ.①钟…②于… Ⅲ.日语一阅读教学一自学参考资料 Ⅳ.H369.4

中国版本图书馆 CIP 数据核字(2009)第 054213 号

南开大学出版社出版发行

出版人：孙克强

地址：天津市南开区卫津路 94 号　　邮政编码：300071

营销部电话：(022)23508339　23500755

营销部传真：(022)23508542　　邮购部电话：(022)23502200

*

天津市蓟县宏图印务有限公司印刷

全国各地新华书店经销

*

2009 年 5 月第 1 版　　2014 年 7 月第 4 次印刷

880×1230 毫米　32 开本　7.5 印张　213 千字

定价：18.00 元

如遇图书印装质量问题，请与本社营销部联系调换，电话：(022)23507125

前 言

日本报刊选读课作为大学本科教学课程越来越受到关注。通过日本报刊选读，可以使在日本国土以外地区学习日语的学习者了解日本的社会、政治、经济、生活、文化、教育等各个领域的现状，增强学习日语的兴趣和补充其它课本上学不到的知识。同时也能了解日语语言的变化，学习新语和流行语、外来语等词汇，提高对日语语言变迁的认识，丰富现代日语的词汇量。这是间接接触日本社会，学习现代日语的良好途径。以此为目的，我们编写了“日本报刊文章精选”一书。

该书主要选自 2007、2008 年日本“读卖新闻”、“日本经济新闻”、“每日新闻”等几大报纸中的社会、生活、教育等不同栏目的报道。从各个不同视角向日语学习者介绍了日本各方面的各种动态、社会存在的问题、日本人的思想等等，便于读者从不同角度去理解日本现状。

但是该书由于篇幅有限，对于全面介绍日本社会有一定的局限性。另外还要考虑到该书主要作为教材使用，文章的长短和内容要适度，所以通过阅读该书只能达到了解日本社会整体的一个很局限的侧面，不足以达到全面了解日本社会、文化之目的，望广大读者谅解。考虑到阅读该书的日语学习者均有一定的日语学习功底，所以书中只对每篇文章中出现的部分单词和句型作了解释和简单说明，并提出了学习每篇文章应思考的问题，供大家参考。书中如有不恰当之处，敬请指教。

编　者

2008 年 9 月

目　録

第一課　日本人のブラジル進出

南米ブラジルの新天地をめざし、800 人近い移民を載せた移住船「笠戸丸」が神戸の港を離れてから、〔2008 年 4 月〕28 日でちょうど 100 年を迎えた。今や現地の日系会社は 1500 万人にまで膨らみ、成長著しいブラジルの支えとなっている。

赤土の畑とユーカリの緑が鮮やかなミナスジェライス州イパチンガ。大平原の一角に、巨大な高炉や圧延工場が林立している。

ウジミナス製鉄所。半世紀前に日本、ブラジル両政府の合弁で建設が始められた巨大プロジェクトだ。そろいのグレーの作業服を着込んだ社員には、日本人も、日系人もブラジル人も、様々な顔形が交ざり合う。

鋼鉄業界は今、再編の嵐の真っただ中にある。

世界最大のアルセロール・ミッタルが誕生。中国などの新興国の台頭で鉄の需要が増加し、鉄鉱石価格は今春、65%値上がりした。原料確保が各社の急務だ。世界第二の鉄鉱石生産国ブラジルの存在感は増し、投資が相次いでいる。

ウジミナスも昨年 8 月、南米アメリカ最大級の高炉新設などの拡張計画を発表した。新日鉄は子会社した日本ウジミナスを通じ、ウジミナスへの出資を拡大。結束して、アルセロール・ミッタルの拡大攻勢に立ち向かう。

その躍進は、国内総生産（GDP）で世界 10 位に成長した南米の大国ブラジルの発展振りと、ぴったり重なって見える。

「地球の裏側に溶鉱炉をぶっ建ててこい」

阿南惟正・元新日鉄副社長（75）が当時の八幡製鉄所の上司から南

米勤務を命じられたのは61年。28歳だった。ブラジルは当時、大規模な工業化計画を推進。日本の鋼鉄業界にとっても海外進出の先駆けとなり、派遣社員は800人を越えた。

当初はブラジル人社員との考え方の違いに悩んだ。「拙速ではなく完全なものを」と思っても現地社員には「期限を守る」という観念すらないように映った。もどかしさが募る中、両者の「つなぎ役」を期待され、採用されたのは日本からの移民や日系人だった。最盛期には400にもなった。

通訳の金兼文典さん（67）も、そのの一人だ。旧満州ハルビン生まれ。敗戦直後に父の実家の福井県敦賀市に引き上げたが、南米に移住。ウジミナスには62年に入社した。

製鉄の専門用語を日夜学びながら通訳を始めた。日本人技術者の責任感の強さには感服したが、ブラジルをを見下す社員もみた。日本とブラジル、両者の感覚の格差を埋める毎日だった。

21世紀。ブラジルはねん4%の安定成長を続け、新興経済国群BRICSに数えられる。対外債務も完済、債権国に仲間入りした。

ブラジル企業の成長は目覚しい。鉄鉱石生産大手バーレは生産量で世界一に躍進。航空機大手エンブラエルは技術力は認められ、世界有数の企業に成長した。サトウキビによるバイオエタノール生産で業績拡大が続く国営石油会社ペトロブラスは今月、沖縄県の「南西石油」を買収。中国やインドを睨んだ「アジアの供給拠点」と位置づける。新社長には、ペ社から日系2世の川上オズワルド氏が就任した。

4月21日、東京。

日本ウジミナス社の創立50周年パーテイが東京で開かれた。阿南さんら当時の派遣社員とその家族200人が集まった。ウジミナスのソアレス社長はが、その労をねぎらった。

「日本人の規律正しさ、忍耐力、仕事への献身といった価値観が国境を越え、時を経ても失われることなく、大切に保たれてきた。先駆者が撒いた種の成果だ。

〔朝日新聞2008年4月28日〕

一、単語

1. ブラジル（地名） 巴西
2. めざす〔目指す〕（他五） 把……作为目标
3. いじゅうせん〔移住船〕（名词） 移民船
4. かさとまる〔笠戸丸〕（名词） 笠户丸号
5. ふくらむ〔膨らむ〕（自五） 膨胀
6. ささえ〔支え〕（名词） 支持、支撑
7. 赤土〔あかつち〕（名词） 红粘土
8. はたけ〔畑〕（名词） 旱田
9. ユーカリ（名词） 桉树
10. ミナスジェライスしゅう〔ミナスジェライス州〕 米纳斯吉拉斯州
11. イパチンガ 伊帕奇佳
12. あつえんこうじょう〔圧延工場〕（名词） 轧钢厂
13. りんりつ〔林立〕（名・自サ） 林立
14. ウジミナス（企业名） 乌基梅纳斯
15. ごうべん〔合弁〕（名词） 合资
16. プロジェクト（名词） 项目
17. グレー（名词） 灰色
18. かおかたち〔顔形〕（名词） 表情、脸面
19. まざりあう〔交ざり合う〕（自五） 混杂、搀混
20. まっただなか〔真っただ中〕（名词） 正中
21. アルセロール・ミッタル（公司名） 阿塞洛・米塔尔
22. たいとう〔台頭〕（名・自サ） 抬头、崭露头角
23. きゅうむ〔急務〕（名词） 当务之急
24. あいつぐ〔相次ぐ〕（自五） 接连不断
25. けっそく〔結束〕（自他サ） 团结
26. かくだいこうせい〔拡大攻勢〕（名词） 扩大攻势
27. やくしん〔躍進〕（名・自サ） 跃进
28. はってんぶり〔発展振り〕（名词） 发展状况

29. かさなる〔重なる〕（自五）　重叠
30. ようこうろ〔溶鉱炉〕（名词）　炼铁炉
31. ぶったてる〔ぶっ建てる〕（他一）　建设
32. あなんただまさ〔阿南惟正〕（人名）　阿南惟正
33. やはたせいてつじょ〔八幡製鉄所〕（名词）　八幡钢铁公司
34. さきがけ〔先駆け〕（名词）　先驱
35. はけんしゃいん〔派遣社員〕（名词）　派遣员工
36. なやむ〔悩む〕（自五）　烦恼
37. せっそく〔拙速〕（名・形动）　拙速、求快不求好
38. もどかしさ（名词）　令人着急
39. つのる〔募る〕（他五）　招募
40. さいせいき〔最盛期〕（名词）　最好的时期
41. かねがねふみてん〔金兼文典〕（人名）　金兼文典
42. じっか〔実家〕（名词）　娘家
43. つるがし〔敦賀市〕（地名）　敦贺市
44. ひきあげる〔引き上げる〕（他一）　吊起、返回
45. にちや〔日夜〕（名词）　昼夜
46. かんぷく〔感服〕（名・自サ）　佩服
47. みくだす〔見下す〕（他五）　俯视、轻视
48. かくさ〔格差〕（名词）　差距
49. うめる〔埋める〕（他五）　填埋
50. たいがいさいむ〔対外債務〕（名词）　外债
51. かんさい〔完済〕（名词）　还完债
52. さいけんこく〔債権国〕（名词）　债权国
53. なかまいり〔仲間入り〕（名词）　加入进来
54. めざましい〔目覚しい〕（形）　显著的
55. おおて〔大手〕（名词）　大的
56. バーレ　淡水河谷公司
57. エンブラエル　巴西航空工业公司
58. サトウキビ〔砂糖黍〕（名词）　甘蔗

59. バイオエタノール（名词）　　生物乙醇
60. ぎょうせきかくだい〔業績拡大〕（名词）　　扩大业绩
61. ペトロブラス　　巴西石油公司
62. おきなわけん〔沖縄県〕（地名）　　冲绳县
63. ばいしゅう〔買収〕（名・他サ）　　收购
64. インド（地名）　　印度
65. にらむ〔睨む〕（他サ）　　瞪眼、注视
66. きょうきゅうきょてん〔供給拠点〕（地名）　　供应地
67. かわかみオズワルド〔川上オズワルド〕（人名）　　川上奥斯瓦尔多
68. ねぎらう〔労う〕（他五）　　犒劳
69. きりつただしい〔規律正しい〕（形）　　守纪律
70. にんたいりょく〔忍耐力〕（名词）　　忍耐力
71. まく〔撒く〕（他五）　　播撒

二、文型

1. 〜をめざす

把……作为目标。

△　南米ブラジルの新天地をめざし、800 人近い移民を載せた移住船「笠戸丸」が神戸の港を離れてから、〔2008 年 4 月〕28 日でちょうど 100 年を迎えた。

△　大学を目指して、勉強する。

△　南をめざして、進む。

2. 动词连用形てから

接续助词“て”与格助词“から”构成，表示时间上的先后关系。……之后……。

△　南米ブラジルの新天地をめざし、800 人近い移民を載せた移住船「笠戸丸」が神戸の港を離れてから、〔2008 年 4 月〕28 日でちょうど 100 年を迎えた。

△　夏休みになってから、一度も学校に行っていない。

△　日本に来てから、医学の勉強を始めた。

3.　表示时间界限的格助词「で」

表示某一段时间的限定，即最后的期限。它含有“までで”的意思。因此，下面的谓语多是表示动作终了的动词或表示动作终了的动词性名词。/到……为止。

△　南米ブラジルの新天地をめざし、800 人近い移民を載せた移住船「笠戸丸」が神戸の港を離れてから、〔2008 年 4 月〕28 日でちょうど 100 年を迎えた。

△　会議は夜の八時で終わった。

△　余震は五時二時分で止んだ。

4.　副助詞「まで」

表示时间、空间、顺序的终点，还表示程度的极限。/到……。连……。

△　今や現地の日系会社は 1500 万人にまで膨らみ、成長著しいブラジルの支えとなっている。

△　子供だけでなく、大人まで漫画に夢中です。

△　ホテルの予約からパスポートの申請まで全部やってくれるそうです。

5.　～にある

是实意动词的抽象用法，表示问题的所在。/在于……。取决于……。

△　鋼鉄業界は今、再編の嵐の真っただ中にある。

△　昇進するもしないも君の腕にある。

△　問題は向こうの出方にある。

6.　～にとって（も）

表示站在前接词的角度看问题。/（即使）对……来说

△　日本の鋼鉄業界にとっても海外進出の先駆けとなり、派遣社員は 800 人を越えた。

△　体の弱い者にとっては、医療費が安いほどありがたいことはない。

△　山登りは私にとってかけがえのない楽しみだ。

7. 文语副助词「すら……（ない)」

表示提出某极端的事例以示一般。有导致消极结果的倾向。与“さえ”在用法意义上相近，但多用于书面。/连……都不……。

△ 「拙速ではなく完全なものを」と思っても現地社員には「期限を守る」という観念すらないように映った。

△ 足の骨を傷めて、歩くことすらできない。

△ 仕事が忙しくて、日曜日すら休めない。

8. ～からの

由格助词“から”和“の”重叠构成，“の”的作用是把一个补语转作定语，一般来说，“の”代替一个动词。/从……来的……。

△ もどかしさが募る中、両者の「つなぎ役」を期待され、採用されたのは日本からの移民や日系人だった。

△ 大衆からの意見に耳を傾ければ、仕事を順調にやっていけるのである。

△ これは母親からの手紙です。

9. ～になる

表示事物的变化或转变。/成为……。变成……。

△ 最盛期には400にもなった。

△ 木が切り倒されて、山が裸になってしまった。

△ 赤ちゃんが生まれて、家族は四人になった。

10. ～ことなく

表示后项动作无前项动作伴随，或没有进行前项动作就开始了后项动作。/不……（就）……。

△ 日本人の規律正しさ、忍耐力、仕事への献身といった価値観が国境を越え、時を経ても失われることなく、大切に保たれてきた。

△ あの人は振り返ることもなく、行ってしまった。

△ 人間は病気にかかることなく生きていられたら、どんなにすばらしいだろう。

三、文章理解のポイント

1. 新日鉄とウジミナスの関係はどうですか。
2. 国営石油公社ペトロブラスは日系人と関係がありますか。
3. 金兼文典さんは八幡製鉄所から通訳としてブラジルに派遣された人物ですか。
4. 日本とブラジルの鉄鋼業の発展と変化について理解しなさい。
5. 阿南惟正はどんな人物ですか。ブラジルに渡ったときに使った船は「笠戸丸」ですか。

第二課　景気拡大と再建の両立　課題に

日本の財政は深刻な状況にある。経済協力開発機構（OECD）によれば、日本における一般政府（国と地方自治体など）の債務残高は名目国内総生産（GDP）比で 180%に上がり、主要先進国中で最大である。時系列で見ると、バブル経済の崩壊とともに急速に膨れ上がったことがわかる。ただ、新規国債発行額は 2005 年度以降減少に転じ、2007 年度には二十五兆四千億まで低下する見込みだ。これは歳入面で企業収益増加により法人税収入が大幅に増えて税収が増加した一方で、税入面では公共投資の削減効果が表れたためである。

財政破綻を回避するには、名目 GDP 比で上昇が続く政府債務残高を持続的に低下させる必要があり、政府は十一年度に国と地方の基礎的財政収支の黒字化を目標としている。基礎的財政収支とは、債務返済や利払い費を除いた歳出と、国債などの借金を除いた歳入との収支を指す。基礎的財政収支が均衡すれば、その歳の政策に必要な経費を税収で賄え、必要な公債発行は過去の債務の元利払いに充てる分だけになる。さらに名目 GDP 成長率と債務の名目金利の水準が等しくなれば、債務残高は GDP 比で一定となる。

2007 年度の国と地方を合わせた基礎的財政収支は当初予算ベースで約四兆四千億円の赤字だった。日本財政は依然永続的に維持できる状況になく、赤字解消のために歳出削減や増税が必要である。ただ、歳出削減や増税は景気を抑制する効果があり、現在のように先行き不透明感が高まっている中での増税は、税の大幅自然減収に結びつく可能性もある。事実、日本は橋本政権時の 1997 年に景気が底割れし、増税にもかかわらず財政構造改革自体が頓挫した経験を持つ。同じ過ちを繰り返さないためにも、政府は景気動向を慎重に判断し、景気拡大と財政再建が両立するような政策運営が求められる。

〔日本経済新聞 2008 年 5 月 26 日〕

一、単語

1. かいはつきこう〔開発機構〕(名词) 开发机构
2. じちたい〔自治体〕(名词) 地方政府
3. さいむざんだか〔債務残高〕(名词) 债务量
4. めいもく〔名目〕(名词) 名目、名义
5. じけいれつ〔時系列〕(名词) 时间顺序
6. バブルけいざい〔バブル経済〕(名词) 泡沫经济
7. きゅうそくに〔急速に〕(副词) 快速地
8. しんきこくさいはっこうがく〔新規国債発行額〕(名词) 新发行的国债数量
9. みこみ〔見込み〕(名词) 希望、估计
10. さいにゅうめん〔歳入面〕(名词) 岁入方面、收入方面
11. しゅうえき〔収益〕(名词) 收益
12. ほうじんぜいしゅうにゅう〔法人税収入〕(名词) 企业所得税收入
13. おおはば〔大幅〕(形动) 大幅度的
14. さくげんこうか〔削減効果〕(名词) 消减效果
15. はたん〔破綻〕(名・自サ) 破绽
16. かいひ〔回避〕(名・自サ) 回避
17. くろじか〔黒字化〕(名词) 黑字化
18. へんさい〔返済〕(名・他サ) 还款
19. りばらいひ〔利払い費〕(名词) 付利息的费用
20. のぞく〔除く〕(他五) 除了
21. さいしゅつ〔歳出〕(名词) 岁出
22. こくさい〔国債〕(名词) 国债
23. まかなう〔賄う〕(他五) 供给、维持

24. もとりばらい〔元利払い〕(名词)　付本利
25. あてる〔充てる〕(他一)　充作
26. ひとしい〔等しい〕(形)　相等
27. とうしょよさん〔当初予算〕(名词)　当初的预算
28. ベース(名词)　基础
29. いぜんえいぞく〔依然永続〕(名词)　永远如此
30. よくせい〔抑制〕(名・他サ)　抑制
31. さきゆき〔先行き〕(名词)　将来
32. ふとうめいかん〔不透明感〕(名词)　模糊
33. しぜんげんしゅう〔自然減収〕(名词)　自然减收
34. むすびつく〔結び付く〕(他五)　结合、联系
35. そこわれ〔底割れ〕(名词)　(景气)见底
36. とんざ〔頓挫〕(名・自サ)　突然受挫、停顿
37. あやまち〔過ち〕(名词)　错误、过失

二、文型

1. ～によれば(……によると)

表示消息或信息的来源或出处。后面经常与"……そうだ"、"……ということだ"之类的词语相呼应。/据……。根据……报道……。

△ 経済協力開発機構(OECD)によれば、日本における一般政府(国と地方自治体など)の債務残高は名目国内総生産(GDP)比で180%に上がり、主要先進国中で最大である。

△ 天気予報によると、今日は夕方から雨になるそうです。

△ 経済専門家の予想によると、円高傾向は今後も続くということだ。

2. ～における

表示事物的存在地点、时间，也可以表示范围或条件。/在……(中)的……。在……方面的……。

△ 経済協力開発機構(OECD)によれば、日本における一般政府(国と地方自治体など)の債務残高は名目国内総生産(GDP)

比で180%に上がり、主要先進国中で最大である。

△　中国における人口問題について会議を開きました。

△　この論文では江戸時代における庶民と武士の暮らし方の比較をしてみた。

3.　～とともに

表示后项的动作或变化随前项同时进行或发生。/……的同时……。随着……。

△　時系列で見ると、バブル経済の崩壊<u>とともに</u>急速に膨れ上がったことがわかる。

△　地震の発生とともに津波が発生することがある。

△　国の経済力の発展とともに、国民の生活も豊かになった。

4.　～一方で

表示互相补充或互为矛盾的两个方面。/一方面……。同时……。

△　これは歳入面で企業収益増加により法人税収入が大幅に増えて税収が増加した<u>一方で</u>、税入面では公共投資の削減効果が表れたためである。

△　老人が増える一方で、子供の数が減ってきている。

△　彼女はお金に困っているという一方で、ずいぶん無駄遣いもしているらしい。

5.　动词终止形には

表示动作、行为的目的。意思是“そうするためには……”。/想要……。为了……。

△　財政破綻を回避する<u>には</u>、名目 GDP 比で上昇が続く政府債務残高を持続的に低下させる必要があり、政府は十一年度に国と地方の基礎的財政収支の黒字化を目標としている。

△　始発に乗るには、4時に起きなくてはならない。

△　医者になるには、国家試験に合格することが必要だ。

6.　～を～としている

“～を～としている”是用来赋予某一事物以某种资格。/把……当作……。把……看作……。

△ 財政破綻を回避するには、名目 GDP 比で上昇が続く政府債務残高を持続的に低下させる必要があり、政府は十一年度に国と地方の基礎的財政収支の黒字化を目標としている。

△ xを6として、この方程式を解いてみる。

△ 職場を戦場としている。

7. ～とは

提出主题，后项对其加以定义性、评论性的说明，或提出疑问。/所谓……。

△ 基礎的財政収支とは、債務返済や利払い費を除いた歳出と、国債などの借金を除いた歳入との収支を指す。

△ サラリーマンとは会社に勤め、会社から給料をもらう人のことです。

△ 週刊誌とは、毎週一回出る雑誌のことです。

8. ～のように

表示比喻、列举，是委婉的、不确切的判断或推测。/像……。宛如……一样。

△ ただ、歳出削減や増税は景気を抑制する効果があり、現在のように先行き不透明感が高まっている中での増税は、税の大幅自然減収に結びつく可能性もある。

△ 4月なのに、夏のような暑さだ。

△ あの話は以前にどこかで聞いたようだ。

9. ～にもかかわらず

表示后项的内容与前项的事态相矛盾。/虽然……但是……。尽管……却……。

△ 事実、日本は橋本政権時の1997年に景気が底割れし、増税にもかかわらず財政構造改革自体が頓挫した経験を持つ。

△ ひどい災害にもかかわらず、豊作を勝ち取った。

△ あれほど注意しておいたにもかかわらず、彼は今日も遅刻した。

三、文章理解のポイント

1. 日本の財政は、どんな深刻の状況にありますか。
2. バブル経済とは、どんな状況ですか。話してみてください。
3. 財政破綻を回避するには、日本政府はどうしていますか。
4. 債務残高はGDPが一定となる条件は何ですか。
5. 2007年は、日本政府はどのようにして景気拡大と財政再建と両立するような政策運営をしていますか。

第三課　「点」から「面」のエネルギ
——最適化へ

IT（情報技術）の利用拡大に伴い、コンピューターやネットワーク機器などによる消費電力量の増大が世界的な課題となっている。一方で様々な産業活動の生産性を向上させて環境負荷軽減を図る上で、IT・エレクトニクス技術が担う役割が非常に大きい。こうした中、IT化と環境保護を両立するための技術開発・普及に産学官連携で取り組む「グリーンIT推進協議会」が二月に設立された。同協議会が事務局を置く電子情報技術産業協会（ＪＥＩＴＡ）の半田力専務理事にお話を伺いながら、グリーンITの動向や将来ビジョンなどを展望する。

無駄省く技術・ノウハウを広げる

先進国に温暖化ガス削減を義務付けた「京都議定書」の約束期間が今年からスタートした。その目標達成を握るのが、オフィスビル・商業施設などの業務部門と家庭部門だ。これらは日本の総排出量の四分の一を占めるが、2006年度は1990年比で計36%も増加した。業務・家庭両部門での対策を進めるためには、エネルギーを効率利用する製品・技術や取り組みを、社会に幅広く定着させていくことが欠かせない。一方で部門別の排出量では、産業部門が同マイナス4.6%と唯一削減を果たしている。

「少資源国である日本の製造業は“無駄を避けてモノを作る”ための改善努力を徹底的に進めてきた。1970年代の石油危機以降、日本の国内総生産（ＧＤＰ）は約二倍になったが、産業界のエネルギー消費量は増加することなく、一定水準で推移している。温暖化ガス排出削減についても、原単位（生産高に対する排出割合）で日本メーカーは世界最先端に位置する」とＪＥＩＴＡの半田専務理事は説明する。

「エネルギーを最適利用するためのさまざまの技術・ノウハウは、各工場など生産現場に蓄積されている。この『点』の最適化を、流通・サービスなど他産業を含めた『面』の最適化へと広げていけば、地球環境保護に大きく貢献できる——。こうした議論はＪＥＩＴＡ内でかなり以前からあった。ＪＥＩＴＡは、電子デバイスとその素材から、最終製品である家電やＩＴ機器・システムなどの各産業が垂直統合で組織する団体。幅広い産業領域や社会全体でグリーンＩＴを推進していくことは、ＪＥＩＴＡが中心となって努力できるテーマだ」

グリーンＩＴ推進協議会には、ＩＴ・エレクトロ関連企業とともに、自動車や建設などの幅広い産業から百五十以上の企業・団体が参画。さらに海外の有力ＩＴ企業も加わっている。グリーンＩＴを実現する技術・製品開発に、様々な企業や関係機関などが統一的な取り組みを展開できる場として期待されている。

IT制御で社会の消費電力抑制

ＩＴ・エレクトロニクス技術は、これまでにも業務や流通の効率化を促すことで、環境負荷を低減させる役割を担ってきた。今後さらなる技術開発の成果を社会に展開し、低炭素社会実現への変革もたらす——。これが、グリーンＩＴの技術的アプローチの一つである「ＩＴによる社会の省エネ」だ。

日本が得意とするセンサーや無線技術を活用して、商業施設やビル全体の空調・照明などを最適制御すれば、エネルギー消費を大きく抑えることができる。例えば、現状では高層ビルの空調用ポンプは、需要のピーク水準に合わせて固定的に稼動させているケースが多い。そのため空調の使用が少ない時には、ポンプが必要以上のエネルギーを消費していることになる。そこでビル内の空調使用状況などをリアルタイムに検知し、それに応じてポンプの稼働能力をきめ細かく制御する技術を取り入れた例もある。その結果、空調用ポンプの消費電力を最大90%削減、空調全体の消費電力も約5%削減できたという。

さらに交通の分野では、自動車の電子制御によって安全性向上や低燃費化などが進み、また高度道路交通システム（ＩＴＳ）の実用化に向けた研究開発も行われている。ＩＴを高度に活用した制御によって交通移動を体系的に効率化できれば、環境に相当規模の好影響をもたらすことができる。

またＩＴ機器の高性能化が環境に貢献する部分もある。企業では役員・社員が移動する負担を減らす目的で、テレビ会議システムをかなり以前から導入しているところも多い。ただ従来のテレビ画面では対話の機微などが伝わりにくいことから、重要な会議となると結局は海外出張するというケースも少なくない。しかし今では薄型テレビの大画面化・高精細化が進み、六十インチハイビジョンテレビなら等身大で細かな表情までもリアルに認識できる。テレビ会議システムの利用機会が広がれば、航空機で東京・ニューヨーク間を往復するのに比べ、一人当たり一・九トンの温暖化ガス排出を減らすことができる。

『見える化』による意識改革も重要

家庭にかかわる分野でも、様々なグリーン技術が注目されている。既存の家電製品は、送電所から家庭に送られる交流電流を個々の機器が直流に変換して使用している。これを電流が家庭に入った段階で直流化し、その直流電流をそのまま家電製品が使う形にすれば、電力効率を高めて省エネ化が果たせる。さらに発電コストの低い薄膜型太陽電池パネルの開発・普及や、家庭のエネルギー使用を把握して効率的に管理する「ホーム・エネルギー・マネジメント・システム」（ＨＥＭＳ）の導入なども期待される。

また四月に甘利経済産業相は、2012年までに白熱電球を廃止し蛍光ランプへの切り替えを促す方針を打ち出した。照明を蛍光ランプに置きかれれば消費電力は白熱電球の五分の一になる。ランプ代を電力代をあわせたコストも、蛍光ランプの寿命である六千時間使用した場合、白熱球と比べて約四千七百円安くなるという試算もある。さらに発光ダイオード（ＬＥＤ）の照明ならば、消費電力は白熱電球の十分の一に抑えられる。

「多様な環境・省エネ技術を集積させることで、社会全体で飛躍的な成果が期待できる。グリーンＩＴの推進には革新的な技術開発とともに、ユーザー企業や生活者の意識改革も重要。そのためにはエネルギー消費を効率化できる部分はどこか、改善によってどれだけのメリットが生まれるかを“見える化”することが必要だ。環境性能に優れた機器の需要スケールが拡大すれば、価格も低廉化していく。こうした相乗効果をいかに発揮させるかがかぎとなる」（半田専務理事）

〔日本経済新聞 2008 年 5 月 28 日〕

一、単語

1. ふかけいげん〔負荷軽減〕（名词）　負荷減轻
2. はかる〔図る〕（他五）　策划、图谋
3. エレクトロニクス（名词）　电子
4. りょうりつ〔両立〕（名・自サ）　两立、并存
5. さんがくかん〔産学官〕（名词）　产业、大学和政府
6. グリーン（名词）　绿色、清洁
7. ビジョン（名词）　远景、理想；幻想
8. ノウハウ（名词）　专有技术
9. スタート（名词）（名・自サ）　开始、启动
10. オフィスビル（名词）　办公楼
11. そうはいしゅつりょう〔総排出量〕（名词）　总排出量
12. のべ〔延べ〕（副词）　全部
13. かく〔欠く〕（他五）　欠、缺少
14. マイナス（名词）　负数
15. はたす〔果たす〕（他五）　起……作用、完成
16. せきゆきき〔石油危機〕（名词）　石油危机
17. ちくせき〔蓄積〕（名・他サ）　储备
18. デバイス（名词）　集成电路、装置
19. すいちょくとうごう〔垂直統合〕（名词）　垂直结合

20. テーマ（名词） 题目
21. さんかく〔参画〕（名・他サ） 参与计划
22. さらなる（副词） 更、进一步
23. ていたんそ〔低炭素〕（名词） 低碳、低二氧化碳
24. もたらす〔齎す〕（他五） 带来
25. アプローチ（名词） 接近
26. センサー（名词） 传感器
27. ポンプ（名词） 水泵
28. かどう〔稼動〕（名・他サ） 开动、启动
29. けんち〔検知〕（名・他サ） 检知、查知
30. ぶんや〔分野〕（名词） 领域
31. ていねんぴか〔低燃費化〕（名词） 低燃费化
32. じゅうらい〔従来〕（副词） 以前
33. きび〔機微〕（名词） 微妙
34. うすがた〔薄型〕（名词） 薄型
35. こうせいさいか〔高精細化〕（名词） 高精细化
36. ハイビジョンテレビ（名词） 高清晰电视
37. とうしんだい〔等身大〕（名词） 等身大
38. きぞん〔既存〕（名词） 既存
39. うすまくがた〔薄膜型〕（名词） 薄膜型
40. パネル（名词） 面板
41. ホーム・エネルギ・マネジメント・システム（名词） 家庭能源管理系统
42. あまり〔甘利〕（人名） 甘利
43. けいこうランプ〔蛍光ランプ〕（名词） 日光灯
44. きりかえ〔切り替え〕（名词） 转换
45. ランプだい〔ランプ代〕（名词） 电灯费
46. じゅみょう〔寿命〕（名词） 寿命
47. しさん〔試算〕（名・他サ） 试算
48. スケール（名词） 规模

49. ていれんか〔低廉化〕（名词）　低廉化、低成本化
50. そうじょうこうか〔相乗効果〕（名词）　相乗效果
51. かぎとなる〔鍵となる〕　成为关键
52. せんむりじ〔専務理事〕（名词）　专务理事

二、文型

1. ～うえで

接用言连体形、体言の。表示后项问题所产生的范围。相当于“……面で”。/在……方面。在……上……。关于……。

△　一方で様々な産業活動の生産性を向上させて環境負荷軽減を図る上で、ＩＴ・エレクトニクス技術が担う役割が非常に大きい。

△　この文章は文法の上では間違いはない。

△　英語とフランス語は発音の上では大きな違いがある。

2. ～からある

「から」是格助词在这里表示时间的起点,「ある」表示“有”。/从……就有。

△　こうした議論はＪＥＩＴＡ内でかなり以前からあった。

△　この建物はだいぶ前からここにあった。

△　市民会館でコンサートが夜の９時からある。

3. ～にかかわる

表示与某人或事物有关联。/关系到……的……。

△　家庭にかかわる分野でも、様々なグリーン技術が注目されている。

△　人の名誉にかかわるようなことを言うな。

△　プライバシーを守るということは人権にかかわる大切な問題です。

4. ～までも

「まで」表示程度,「も」是提示助词接在「まで」之后，起加强语气的作用，表示之甚。/甚至于……。

△　しかし今では薄型テレビの大画面化・高精細化が進み、六十インチハイビジョンテレビなら等身大で細かな表情までもリアルに認識できる。

△　僕はどこまでも反対する。

△　いうまでもなく、日本は島国である。

三、文章理解のポイント

1. 「『点』から『面』のエネルギー最適化へ」の中の「点」と「面」はそれぞれ何を指しますか。
2. 「京都議定書」の目標は何ですか。またその目標達成を握る鍵は何ですか。
3. 日本の製造業は何のために何を徹底的に進めてきたのですか。
4. ＪＥＩＴＡが中心となって努力しているテーマは何ですか。
5. 日本では、どのように社会の消費電力を抑制しますか。

第四課　ヘドロの土で野菜豊作

田園風景が広がる鳥取県大山町安原地区。諸遊壌司（もろゆゆずるつかさ）さん（57）の大豆畑は土の色がほかの畑と違って見えた。「かなり黒みがかってるでしょ。もともとは加茂川のヘドロ〔注〕なんですよ」

タオルで汗をぬぐいながら、諸遊さんは「雑草が生えにくいし、栄養分がいいのか、農作物の育ちもいいようです」と笑った。

加茂川は、同県米子市内から中海へ注ぐ。その下流部の川底にヘドロがたまるようになったのは、河川改修で流れが緩やかになった 1960 年代半ば。河口部から上流約 1 キロの間に、3 万立方メートルがたまるまでになった。

中海の潮位が下がる冬から春にはヘドロが露出し、含まれている硫化水素が周辺に悪臭被害をもたらした。川の真横に住む同市就将校区自治連合会会長の平野昭二さん（79）は「こりゃたまらんと県に処理を申し入れた」と振り返る。

県西部総合事務所ではバクテリアによるヘドロ分解などの対策を検討した。結論は「抜本的解決には撤去しかない」（同所河川防砂課）。昨年度から作業が始まり、民家近くにたまった約 1000 立方メートルが浚渫船と吸引車で除去された。

問題はその処分だった。試算では、産業廃棄物処理業者への委託すると一立方メートルあたり 5 万～6 万円，総額 15 億円以上もかかることがわかった。お金をかけずに、何とか利用できないものか。県は、農業用の土や、建築資材に生まれ変わらせる研究に早速取り掛かった。

〔注〕 ヘドロ：　水底にたまったやわらかい泥で流れが緩やかな河川や湖に体積する場合が多い。粒子の細かい土に、陸から排出される様々な汚染物質が混ざりこんで作られ、酸素の供給不十分で腐敗が進むと、硫化水素が発生し、悪臭をもたらす。

ヘドロに、硫化水素を発生させない土壌安定改良材（固化剤）を加え、乾燥させると、産廃処理の半分のコストでよい土ができた。トマトやキュウリ、ホウレンソウなど 7 品種を育ててみると、どれもたくさん実がついた。品質検査や試食でも安全性が確認された。

いまは諸遊さんら農家に無料で使ってもらい、さらに有効性を検証中だ。技術開発にあたったＮＰＯ「エコパートナーとっとり」の寺田憲彦理事は「ヘドロに含まれる窒素やリンは野菜栽培などに活用できる。ヘドロのイメージを払拭できるかどうかが普及のカギです」という。

水質汚濁の元凶のように思われているヘドロから、逆に水質浄化に威力を発揮する新素材を作ろうという研究も進んでいる。

「一見、ただの石ころみたいだけど、無数の穴が浄化のポイントなんです」。茨城県笠間市の浄化槽メーカー「チュラルＰＳ」の町井皓伎（こうき）社長（69）が手にするのは、直径 5 ミリ前後の茶色い粒。国立環境研究所などと共同開発した多孔性ヘドロセラミックスだ。霞ケ浦水系の湖沼、川底から取ったヘドロを原料に、1000 度以上の高温で焼き上げて無害化した。

表面には 0. 1〜0. 2 ミリの穴が多数存在する。水環境を悪化させる植物プラクトンを分解する微生物を穴に住まわせ、その粒を敷き詰めたのが、新製品の浄化槽だ。

こうしたエコ商品はコスト高がネックだが、この浄化槽も値段は従来品より 1. 5 倍。町井さんは「エコ技術が安く、簡単に使えるよう、自治体が補助金制度などを整えることも大事だ」と訴える。

〔朝日新聞 2008 年 9 月 28 日〕

一、単語

1. ヘドロ（名词）　淤泥
2. とっとりけん〔鳥取県〕（地名）　鸟取县
3. おおやまちょう〔大山町〕（地名）　大山町
4. やすはら〔安原〕（地名）　安原

5. はたけ〔畑〕（名词）　旱田
6. くろみがかる（自五）　（颜色）发黑
7. かもがわ〔加茂川〕（地名）　加茂川
8. のうさくぶつ〔農作物〕（名词）　农作物
9. よなごし〔米子市〕（地名）　米子市
10. なかうみ〔中海〕（名词）　海里面
11. そそぐ〔注ぐ〕（他五）　注入
12. かりゅうぶ〔下流部〕（名词）　下游
13. ゆるやか〔緩やか〕（形动）　缓慢
14. ちょうい〔潮位〕（名词）　潮位
15. りゅうかすいそ〔硫化水素〕（名词）　硫化氢
16. あくしゅうひがい〔悪臭被害〕（名词）　恶臭受害
17. まよこ〔真横〕（名词）　旁边
18. もうしいれる〔申し入れる〕（他一）　提出
19. ふりかえる〔振り返る〕（他五）　回头看、回顾
20. バクテリア（名词）　细菌
21. ばっぽんてき〔抜本的〕（形动）　彻底
22. てっきょ〔撤去〕（名他サ）　去除、撤掉
23. ぼうさか〔防砂課〕（名词）　防砂科
24. しゅんせつせん〔浚渫船〕（名词）　挖泥船
25. はいきぶつ〔廃棄物〕（名词）　废物
26. うまれかわる〔生まれ変わる〕（自五）　新生
27. こかざい〔固化剤〕（名词）　固化剂
28. コスト（名词）　成本
29. みがつく〔実がつく〕（词组）　有成绩
30. ししょく〔試食〕（名他サ）　吃吃看
31. エコパートナー（名词）　环境伙伴
32. てらだのりひこ〔寺田憲彦〕（人名）　寺田宪彦
33. ちっそ〔窒素〕（名词）　氮
34. すいしつおだく〔水質汚濁〕　水质污浊

35. げんきょう〔元凶〕（名词）　元凶
36. じょうか〔浄化〕（名他サ）　净化
37. いばらぎけん〔茨城県〕（地名）　茨城县
38. かさまし〔笠間市〕（地名）　笠间市
39. チュアルPS（公司名）　裘阿PS
40. まちいこうき〔町井皓伎〕（人名）　町井皓伎
41. てにする〔手にする〕（词组）　弄到手
42. たこうせい〔多孔性〕（名词）　多孔性
43. ドロセラミックス（名词）　泥土瓷
44. かすみがうらすいけい〔霞が浦水系〕　霞浦水系
45. こしょう〔湖沼〕（名词）　湖沼
46. プラクトン（名词）　浮游生物
47. びせいぶつ〔微生物〕　微生物
48. しきつめる〔敷き詰める〕（他一）　铺、放上
49. ネック（名词）　瓶颈、脖子

二、文型

1. 文语助动词「ぬ（ん）」

接动词和部分助动词后，表示否定、「ない」的文语说法。

△ こりゃたまらんと。県に処理を申し入れた。

△ わたしはあいさつしたのに、あの人は知らぬ顔をして行ってしまいました。

△ 国へ帰らねばならなくなりました。

2. ずに～

「ず」是文语否定助动词「ぬ」的连用形，后接「に」表示否定的状态。/不……。没……。

△ お金をかけずに、何とかりようできないのか。

△ 切手を貼らずに、手紙を出してしまった。

△ よくかまずに食べると、胃を悪くしますよ。

3. ～にあたる

①　（人・组织）が/は　（活动）にあたる。/担任，承担，从事。

△　技術開発にあたった NPO「エコパートナーとっとり」の寺田憲彦理事はヘドロに含まれる窒素やリンは野菜栽培などに活用できるという。

△　消防隊員は消化にあたった。

△　事故の始末にあたる。

②　（人・物・事・场所・时间）が/は（人・物・事・场所・时间）にあたる。/相当于，（等于）是，合。

△　この方角は北に当たる。

△　一ドルは 130 円に当たる。

③　（人・组织）が/は　（作用）にあたる。/轮班值日，值班，被指名。

△　私は掃除当番にあたった。

△　ご紹介に当たりました山本です。

三、文章理解のポイント

1. ヘドロの特長は何でしょうか。
2. 県西部総合事務所のヘドロ分解に対して、どのような対策をとっていますか。
3. 県の研究した内容は何ですか。その結果はどうですか。
4. いまはその研究はどの程度進んでいますか。

第五課　企業　もっと地方に目を

人口の東京への一極集中が再び加速しているようだ。バブル崩壊後の地価下落で、都心の住宅が買いやすくなったためだろう。学校を卒業した後、就職で東京に移り住む若者や、転勤で引っ越す人も多い。

個々の国民にとって東京へ転居するのは自然な行動だ。ただ、全体で見れば、地方分権や地域間の格差是正を目差す国の政策とは逆の動きとなっている。

国土交通省の2007年版の首都圏白書によると、2000年から2005年までの間に東京の人口は4.2%増え、全国平均の0.7の増を大きく上回った。中でも千代田、中央、港の都心3区は21.7%も伸びた。臨海部に超高層マンションが次々に建設されたことが要因という。

企業の相次ぐ本社移転も東京への人口集中につながっている可能性がある。特に1990年代以降、大阪から東京に移る企業が増えた。かつて大阪を本拠としていた住友グループでも住友商事、住友金属工業などは実質的な本社を東京に置く。大手商社の丸紅も今年4月、大阪にもあった本社を東京に一本化した。合併に伴い本社を東京に移すケースも多い。

人口の集中は消費の一極化もたらす。第一生命経済研究所は、2006年度までの10年間で東京都の個人消費が15.3%増えたと推計する。全国平均は2.5%増で、東京の伸びはこれをはるかに上回る。同研究所の熊野英生・主席エコノミストは「賃金の高い人が都心に集まってきたため」とみる。

この流れが続けば、東京と地方の経済格差はいっそう広がるに違いない。もちろん、政府も手を拱（こまぬ）いているわけではない。地方分権を目差す「三位一体改革」により、地方への3兆円の税源移譲が実現した。住民税の一部を故郷の自治体に納めることができる「ふるさと納税」の検討も始まった。

しかし、地方経済を蘇らせるには、税の配分の見直す以上に、人と企業の動きを変えることが重要ではないか。

総務省の人口推計では、愛知県の昨年10月1日現在の人口は前年と比べ0.74%増えた。増加率は東京（0.66%）を上回り、初めて全国一となった。いうまでもなく、愛知には世界に誇るトヨタ自動車がある。

キャノンは今年3月、大分県にプリンター用部品の新工場を稼動させた。県内4ヵ所目の事業所となる。大分は日本経団連会長でもある御手洗冨士夫・キヤノン会長の出身地だ。地元の優遇措置なども考慮し建設を決めたというが、ある意味で最高の「ふるさと納税」だろう。

さらに多くの経営者が地方に目を向け、地方に根ざしていっても良いはずだ。地域格差の解消を目差すなら、国もそれを促すため知恵を絞ってほしい。

〔読売新聞2007年6月17日〕

一、単語

1. いっきょく〔一極〕（名词）　　一极、一个地方
2. ほうかいご〔崩壊後〕（名词）　　破灭后
3. げらく〔下落〕（名自サ）　　落下
4. てんきん〔転勤〕（名自サ）　　调动工作
5. ぶんけん〔分権〕（名词）　　分权
6. かくさ〔格差〕（名词）　　格差
7. ぜせい〔是正〕（名他サ）　　改正
8. はくしょ〔白書〕（名词）　　白皮书
9. ちよだ〔千代田〕（地名）　　千代田
10. つれる〔連れる〕（他一）　　带领、领着
11. いこう〔以降〕（名词）　　以后

12. ほんきょ〔本拠〕(名词)　根据地
13. おおてしょうしゃ〔大手商社〕(名词)　大商社
14. まるべに〔丸紅〕(公司名)　丸红
15. いっぽんか〔一本化〕(名他サ)　一元化
16. がっぺい〔合併〕(名他サ)　合并
17. ケース(名词)　情况、样子
18. すいけい〔推計〕(名他サ)　推算
19. へいきん〔平均〕(名词)　平均
20. エコノミスト(名词)　经济学家
21. くまのひでお〔熊野英生〕(人名)　熊野英生
22. ちんぎん〔賃金〕(名词)　工资
23. こまぬく〔拱く〕(他五)　拱(手)、伸(手)
24. ちょう〔兆〕(名词)　兆
25. ぜいげんいじょう〔税源移譲〕　转移税源
26. おさめる〔納める〕(他一)　交纳
27. のうぜい〔納税〕(名他サ)　纳税
28. よみがえる〔蘇る〕(自五)　复苏、苏醒
29. いうまでもない(词组)　当然、不用说
30. キャノン(公司名)　佳能
31. おおいたけん〔大分県〕(地名)　大分县
32. プリンター(名词)　打印机
33. かどう〔稼動〕(名他サ)　开动、启动
34. みたらしふじお〔御手洗富士夫〕(人名)　御手洗富士夫
35. ゆうぐうそち〔優遇措置〕(名他サ)　优惠条件
36. こうりょ〔考慮〕(名他サ)　考虑
37. ねざす〔根ざす〕(他五)　扎根
38. うながす〔促す〕(他五)　促进
39. ちえ〔知恵〕(名词)　智慧
40. しぼる〔絞る〕(他五)　拧、榨、挤

二、文型

1. ～に伴い（伴って）

接动词连体形、体言，表示伴随，或随着前项事务的变化而进展。/随着……。伴随……。

△ 合併に伴い本社を東京に移すケースも多い。

△ 収入の増加に伴って支出も増えた。

△ 自動車の数が増えるにともなって、事故も多くなった。

2. ～以上に

前项为某种既定的事实或将来的事实，由此引出某种必然的结果。后项多为判断、决心、要求、愿望等表示说话人意志的词。/既然……就……。

△ しかし、地方経済を蘇らせるには、税の配分の見直す以上に、人と企業の動きを変えることが重要ではないか。

△ 引き受けた以上、責任を持たなければならない。

△ やる以上は最後までしっかりやりたまえ。

三、文章理解のポイント

1. 日本人はどうして東京に転居しますか。
2. 東京人口増加の要因を述べてください。
3. 東京と地方の経済格差はなぜ拡大していますか。
4. 愛知県の人口も増えつつありますが、その原因は何ですか。
5. どのように地域格差を解消できますか。

第六課　世界金融再編

米国発の金融危機が、金融機関の世界的な再編劇を加速させている。この渦に、日本勢が有力な資本の出し手として参入し始めた。

出資先はすべて米証券会社だ。野村ホールディングスは、破綻（はたん）した証券 4 位リーマン・ブラザーズのアジア太平洋と欧州・中東部門を買収する。三菱ＵＦＪフィナンシャル・グループは、2 位のモルガン・スタンレーに対し最大で 20%を出資すると基本合意した。さらに、最大手ゴールドマン・サックスが行う増資にも、三井住友銀行が参加する意欲をみせている。

米国の金融危機は、今月に入って緊張の度を一気に高めた。危機回避のため米政府が 75 兆円規模の公的資金の拠出を決め、次は、金融機関が自助努力で資本を増強し、いかに生き残りを図るかが焦点になってきた。

では、どこが資本を出すのか。世界を見渡すと、一時期は威勢がよかった中東や中国・アジアの政府系ファンドは、これまでの投資が損失を出しており動きが鈍い。そこで、バブル崩壊の痛手から慎重な経営を続けてきた日本の金融機関が、有力な出し手として浮上してきたわけだ。

「敵失」で日本へ好機が巡ってきたというべきか。好機を生かすには、リスクを覚悟したうえでの大胆な決断が必要だ。まずは三菱ＵＦＪや野村の素早い動きを評価したい。

買収や出資により、世界の有力投資家を顧客に抱える人脈や、高い金融技術をもつ専門スタッフを活用できれば、弱かった日本の投資銀行業務を強化することが期待できる。

ただし、課題は多い。欧米の金融機関は高収益を誇ってきたが、いまから考えると、それはバブルに支えられてきた面が多分にある。これからはバブルに頼らず、新たな収益源を開拓していかねばならない。それを日本勢が主導できるか。産業の高度化をめざした企業の合併・買収（M&A）や新興国への投資は、その候補だろう。

欧米の投資銀行という組織を掌握し運営するのは、日本企業にとって不得手かもしれない。80年代のバブル経済全盛期に、日本の金融機関は世界の銀行・証券に出資したが、ノウハウらしいものも吸収できぬまま、バブル崩壊で撤退した苦い体験がある。その二の舞いは避けなければいけない。

そもそも、分業でこつこつ仕事を進める日本型と、特定の人間に権限を持たせて一挙に進める欧米流では、人の使い方に大きな差がある。

とりわけ、リーマンの海外部門をじかに運営することになる野村は、相当な自己変革を求められよう。日本の金融産業がどこまで変わりうるのかの試金石でもある。変化した者だけが生き残る。そう肝に銘じつつ、大胆かつ慎重に進んでいってほしい。

〔朝日新聞 2008年9月25日〕

一、単語

1. きんゆうきき〔金融危機〕（名词）　金融危机
2. さいへんげき〔再編劇〕（名词）　再编事件，重整
3. うず〔渦〕（名词）　漩涡
4. だして〔出し手〕（名词）　出资方
5. しゅっしさき〔出資先〕（名词）　出资人、投资人
6. ホールディングス（名词）　控股公司
7. はたん〔破綻〕（名自サ）　破绽，破产
8. リーマン・ブラザーズ（名词）　证卷公司名
9. ばいしゅう〔買収〕（名他サ）　收购
10. UFJフィナンシャル・グループ（名词）　UFJ金融控股公司
11. モルガン・スタンレー（专有名词）　摩根集团

12. ゴールドマン・サックス（专） 高盛投资银行（美国）
13. いっき〔一気〕（名词） 一口气
14. かいひ〔回避〕（名他サ） 回避
15. きょしゅつ〔拠出〕（名词） 筹钱，融资
16. じじょ〔自助〕（名词） 自助
17. いかに〔如何に〕（副词） 如何，怎样
18. いきのこり〔生き残り〕（名词） 幸存者，还活着的
19. はかる〔図る〕（五他） 谋求
20. しょうてん〔焦点〕（名词） 焦点
21. いせい〔威勢〕（名词） 威势，威力
22. ファンド（名词） 资金，基金
23. にぶい〔鈍い〕（形容词） 迟钝的
24. バブル（名词） 泡沫
25. ほうかい〔崩壊〕（名自サ） 崩溃
26. いたで〔痛手〕（名词） 重伤，重创
27. しんちょう〔慎重〕（形容动词） 慎重
28. ふじょう〔浮上〕（名自サ） 浮上，浮出水面
29. てきしつ〔敵失〕（名词） （运动）对方的失误、过失
30. めぐる〔巡る〕（他五） 旋转，循环
31. こうき〔好機〕（名） 良机，好机会
32. いかす〔生かす〕（他五） 发挥
33. リスク（名词） 危险
34. かくご〔覚悟〕（名他サ） 有思想准备
35. すばやい〔素早い〕（形容词） 麻利，灵活，敏捷
36. ゆうりょく〔有力〕（形容动词） 有力
37. こきゃく〔顧客〕（名词） 顾客
38. かかえる〔抱える〕（他下一） 抱，夹
39. じんみゃく〔人脈〕（名词） 人缘，同一系统的人们的联手或集合
40. スタッフ（名词） 成员，要素

41. ただし（接续助词）　但，但是
42. ほこる〔誇る〕（自五）　自豪、夸耀
43. ささえる〔支える〕（他下一）　支，支撑
44. たぶん〔多分〕（副词/名词）　恐怕是，大概；大量，多
45. たよる〔頼る〕（自五）　靠，依靠；拉关系，找门路
46. あらた〔新た〕（形容动词）　新
47. かいたく〔開拓〕（名他サ）　开拓，开辟
48. しゅどう〔主導〕（名词）　主导
49. ごうべん〔合弁〕（名词）　合资，合营
50. こうほ〔候補〕（名词）　候补（人）
51. しょうあく〔掌握〕（名他サ）　掌握
52. ふえて〔不得手〕（形容动词）　不擅长
53. ノウハウ（名词）　知识，技术，专门技能
54. てったい〔撤退〕（名他サ）　撤退
55. まい〔舞〕（名词）　舞，舞蹈
56. さける〔避ける〕（他下一）　躲避，避免
57. そもそも（接续助词）　原来，究竟，说起来
58. こつこつ（副词）　刻苦，奋进
59. いっきょ〔一挙〕（名词）　一举
60. とりわけ〔取り分け〕（名词/副词）　分开；平局；特别，尤其
61. リーマン（リーマン・ブラザーズの略）　证卷公司名
62. じかに〔直に〕（副词）　直接，直接地
63. しきんせき〔試金石〕（名词）　试金石
64. きもにめいじる〔肝に銘じる〕（连语）　铭记在心
65. かつ〔且つ〕（副词/接续助词）　同时；并且，而且

二、文型

1. 用言终止形＋には

格助词“に”表示动作的目的，相当于汉语的“为了”。“は”是提示助词，突出提示补语。/“为了……”。“要……”。

△　好機を生かすにはリスクを覚悟したうえでの大胆な決断が必要だ。

△　技術を身に付けるにはよほど努力しなければならない。

△　上海へ行くにはどの汽車に乗ったらいいでしょう。

2.　用言连体形＋うえで

由名词“うえ”接格助词“で”组成的句型。表示在某种问题上，关于（对于）某一方面的问题之意。/“在……方面”。“关于……”。“对于……”。

△　好機を生かすにはリスクを覚悟したうえでの大胆な決断が必要だ。

△　この壁画は明代の文化を研究するうえで、非常に貴重なものである。

△　この問題は経済の発展を促すうえで大きな意義を持つ。

3.　らしい

接；尾语“らしい”接续在名词，副词下，构成形容词。/“要……样的”。“地道的……”。

△　ノウハウらしいものも吸収できぬまま、バブル崩壊で撤退した苦しい経験がある。

△　雨らしい雨が一度も降らない。

△　今日はほんとうに春らしい一日でした。

4.　～まま

“まま”是形式名词，接续在用言连体形下面，表示原来的动作状态持续不变。/“原封不动”。“照旧”。

△　ノウハウらしいものも吸収できぬまま、バブル崩壊で撤退した苦しい経験がある。

△　座ったまま答えてください。

△　見たままを書く。

5.　つつ

“つつ”是接续助词，接续在动词连用形下面，有时也以“つつも”的形式出现。表示两个动作的同时进行。表示逆态接续。/“一边……一边……”。“虽然……可是……”。

△　そう肝に銘じつつ、大胆かつ慎重に進んでいってほしい。

△　道を歩きつつ、新聞を読む。

△　書きつつ、話す。

三、文章理解のポイント

1. 米国の金融危機が、世界の金融機関にどんな影響をもたらしましたか。
2. 米政府はどのようにして金融危機に対処しますか。
3. 日本の金融機関はどうなりましたか。
4. 日本型と欧米流はどう違いますか。
5. 日本の金融産業がどのようにやってほしいですか。

第七課　金融危機、欧に飛び火

【ロンドン＝尾形聡彦】ベルギー、オランダ、ルクセンブルクの 3 カ国政府は 28 日、経営不安が高まっていた金融大手フォルティスを事実上、国有化し、救済する方針を打ち出した。ベルギーメディアが一斉に報じた。112 億ユーロ（約 1 兆 7 千億円）の資金を注入し、資金繰りを助ける。今月半ばから深刻化した金融不安で、欧州の大手金融機関が国有化に追い込まれるのは初めて。米国発の金融危機が欧州に飛び火した。

報道によると、ベルギーは 47 億ユーロ、オランダは 40 億ユーロ、ルクセンブルクが 25 億ユーロを、それぞれ拠出。見返りに、それぞれの国のフォルティスの事業の 49％の株式を得る。各国政府が後ろ盾になることで、資金繰りを助ける。ベルギーのルテルム首相は「我々は責任を果たす。預金者を見捨てない」と語ったという。

フォルティスにとって痛手だったのは、昨年のオランダ大手ＡＢＮアムロの一部事業の買収だ。240 億ユーロ（約 3 兆 7 千億円）を投じたが、市場から「高額すぎて非効率」と批判された。さらに、米国のサブプライム問題にからんで、ＡＢＮアムロの事業から多額の損失が出て、買収の悪影響への懸念が急速に高まった。

米国発の金融危機が欧州にも波及するなか、業績への打撃とともに、資金繰りの悪化への懸念が強まった。先週は株価が 5 日連続で下落。フォルティスは 26 日、最大 100 億ユーロ（約 1 兆 5 千億円）の資産売却の方針を打ち出し、最高経営責任者（ＣＥＯ）の交代も発表、防戦に努めた。

しかし、売却交渉は難航。自力での再建が難しくなり、3カ国政府は信用不安の拡大を防ぐため、事実上の国有化を余儀なくされた模様だ。今回の救済に伴い、フォルティスはＡＢＮアムロの持ち分を強制的に売却させられる見通し。またフォルティスの現会長は更迭されるという。

一方、英国政府は29日にも自国の中堅金融機関「ブラッドフォード・アンド・ビングレー（Ｂ＆Ｂ）」について、業績が悪化している住宅ローン部門を国有化する見通し。一方で、ロイター通信によると、Ｂ＆Ｂの優良資産である預金や支店網については、スペイン金融大手のサンタンデールが買収することで合意したという。

〈フォルティス〉　ベルギーとオランダの両方に本社を置き、世界約50カ国で銀行や保険業務などを展開する大手金融グループ。従業員は約8万5千人で、資産規模は欧州の金融機関のなかで16位。2007年には他の金融大手と共同でオランダのＡＢＮアムロを傘下に収めた。金融市場の混乱のあおりで業績が悪化し、今年1～6月期の純利益は前年同期比4割減の16億3800万ユーロ（約2500億円）に落ち込んだ。

〔朝日新聞2008年9月29日〕

一、単語

1. とびひ〔飛び火〕（名词）　　飞散的火星，扩展
2. おがたとしひこ〔尾形聡彦〕（人名）　　尾形聪彦
3. ベルギー（国名）　　比利时
4. オランダ（国名）　　荷兰
5. ルクセンブルク（国名）　　卢森堡
6. きんゆうおおて〔金融大手〕（名词）　　大型金融企业
7. フオルテイス（企业名）　　富通银行
8. きゅうさい〔救済〕（名他サ）　　救济
9. うちだす〔打ち出す〕（他五）　　打出，提出，定出
10. いっせいに〔一斉に〕（副词）　　一齐，同时
11. ほうじる〔報じる〕（上一自他）　　报答，通知，告知

12. ユーロ（名词） 欧元
13. しきんぐり〔資金繰り〕（名词） 资金调配
14. なかば〔半ば〕（名词） 一半
15. おいこむ〔追い込む〕（他五） 赶进，逼进
16. きょしゅつ〔拠出〕（名他サ） 醵资，凑钱，筹款
17. みかえり〔見返り〕（名词） 回顾，回头看，抵押品
18. かぶしき〔株式〕（名词） 股份
19. うしろだて〔後ろ盾〕（名自サ） 后台，后盾
20. ルテルマしゅしょう〔ルテルマ首相〕（人名）
比利时莱特姆首相
21. せきにんをはたす〔責任を果たす〕（连语）
尽责任
22. よきんしゃ〔預金者〕（名词） 存款人
23. みすてる〔見捨てる〕（他下一） 抛弃，不理睬
24. かたる〔語る〕（他五） 讲，说
25. ＡＢＮアムロ（企业名） 荷兰银行
26. ばいしゅう〔買収〕（名他サ） 收买
27. とうじる〔投じる〕（上一他） 投资，投入
28. ひこうりつ〔非効率〕（名词） 非效率
29. サブプライム（名词） 次贷危机
30. からむ〔絡む〕（自五） 纠缠
31. はきゅう〔波及〕（名自サ） 波及
32. ぎょうせき〔業績〕（名词） 业绩，成绩
33. だげき〔打撃〕（名词） 打击，撞击
34. げらく〔下落〕（名自サ） 下跌，降低
35. ばいきゃく〔売却〕（名他サ） 卖掉，变卖
36. こうたい〔交代〕（名自サ） 交替
37. よぎない〔余儀ない〕（形容词） 不得已，无奈
38. みとおし〔見通し〕（名词） 预测，预料
39. こうてつ〔更迭〕（名自他サ） 更迭，撤换

40. ちゅうけん〔中堅〕（名词）　中坚，骨干

41. ブラッドフォード・アンド・ビングレー（企业名）　英国不拉德福德银行

42. よきん〔預金〕（名他サ）　存款

43. してんこう〔支店網〕（名词）　分店网

44. スペイン（国名）　西班牙

45. サンタンデール（企业名）　西班牙桑坦德集团

46. グループ（名词）　团体，集团

47. さんか〔傘下〕（名词）　属下，手下，势力下

48. おさめる〔収める〕（他下一）　取得，获得

49. こんらん〔混乱〕（名自他）　混乱

50. あおり〔煽り〕（名词）　吹动，煽动，冲动

二、文型

1. ～によると～という

"によると"接体言下面表示根源,即某种结果来自何事,何处。"という"接用言终止形下,表示传闻,即据说,听说之意。/"据……说……"。

△ 報道によると、ベルギーは…預金者を見捨てない」と語ったという。

△ 天気予報によると、今年の夏は降水量が多いという。

△ メディアによると今年の食糧のできだかが昨年度をうわまわったという。

2. ～すぎる

"すぎる"前接动词连用形、形容词的词干,表示程度之甚的意思。/"过分……"。"超过"。

△ 240億ユーロを投じたが、市場から「高額すぎて非効率」と批判された。

△ 夏さんはタバコを吸いすぎるから、胃が悪くなるのです。

△ この辺は静か過ぎて、寂しいぐらいだ。

3.　～にからむ

"からむ"表示缠绕、纠缠的意思"に"是格助词，表示"からむ"动作的对象。/"纠缠于……"。"缠在……"。

△　さらに、米国のサブプライム問題にからんで、ABNアムロの事業から…

△　きゅうりの蔓が支柱にからむ。

△　よくからむやつだ。

4.　～に～を置く

"に"表示"置く"动作的目的地，归着点。"を"表示"置く"的宾语。/"把……放在……（地方）"。

△　〈フオルティィス〉ベルギーとオランダの両方に本社を置き、世界約 50 カ国で銀行や保険業務などを展開する大手金融グループ。

△　資料を机の上に置く。

△　テーブルに花瓶を置く。

5.　～同期比～割減（増）

该句的意思是将事物与以往同期比较增加或减少几成的意思。/"与同期相比增（减）价（额）"。

△　今年 1～6 月期の純利益は前年同期比 4 割減の 16 億 3800 万ユーロ（約 2500 億円）に落ち込んだ。

△　せきゆの値段は去年の同期比 4 割増です。

△　野菜の値段は去年の同期比 1 割減です。

三、文章理解のポイント

1.　米国の金融危機はどこに波及しましたか。
2.　ヨーロッパの諸国はどうになりましたか。
3.　金融危機が株価への影響はどうですか。
4.　イギリス政府はどのようにしましたか。
5.　世界の金融市場の混乱で業績はどうになりましたか。

第八課　農業の継承――街の若者を呼び込もう

農村に広がる田園は美しい。この風景が、農家の超高齢化でむしばまれている。耕作放棄地は全農地の1割の38万ヘクタール。食料の自給率向上や自然環境のためにも、この流れを止めたい。

政府は農地の貸し借りや売買で放棄地を出さぬよう努めているが、これはいま農業を営んでいる人を受け皿としている。それでは不十分だ。

農家以外からやる気がある新しい人材を呼び込まなければ、農業を支えてはいけない。農業を継ぐ農家の子や孫はごく少ないからだ。

興味深い取り組みが山口県と島根県で進んでいる。学生のサークル活動から始まったＮＰＯ法人「学生耕作隊」が農作業へ人材を派遣したり、耕作を請け負ったりしているのだ。

発端は、社会性の強い企業活動を支援している片岡勝さんが、山口大学で行っていた地域問題の解決ビジネスに関する講義だ。そこで農家の人手不足が話題になり、学生有志が解決に乗り出した。その後も、片岡さんの指導を受けながら活動を広げている。

初めはまず、農業に興味がある学生を農家へ派遣した。いまでは退職した団塊世代も加えて約150人とメールなどで連絡をとり、時給700円で60軒の農家へ送り込んでいる。

次に、畑の面倒を丸ごと頼まれるケースが相次いだ。茶畑、ブドウ園、ミカン園などを業務委託されたり、片岡さんが土地を買ったりして、耕作隊が自ら農業に乗り出している。

さらに「後継創業」という支援にも取り組む。農業を始めたい若者はいるのだが、農業では収入が足りない。そこで手に職をつけ、新タイプの兼業農家として、後継者のいない農地を受け継ぐ。建築や土木作業で主な収入を得ながら茶畑を営む「半農半大工」や、農業の傍らビデオ編集とＩＴ関係の仕事をする例が出てきた。

昔なら養子にとって農家を継がせただろうが、後継創業では、赤の他人だが「やる気」のある若者に託す。こんな新たな継承システムが必要だ。

学生だけではない。都市からのＩターンやＵターンで農業を志す人も増えてはいる。建設業などから農業に参入するケースも見られる。

草の根の動きが農業の継承と自立を進める。担い手の絶対数がまだまだ少ないだけに、こうした試みが全国へもっともっと広がってほしい。

日本の農業を自立させるため経営規模の拡大が課題になっているが、外から農業へ入る人が初めから大規模にやるのは難しい。都会の人らしい得意技を生かして、新しい形の兼業農家になるのは現実的だろう。

農林水産省は、農民でない人が農業を継ぐことにあまりにも冷淡だ。農地の取得には多くの規制がある。必要なのは根本的な政策の転換だ。

〔朝日新聞 2008 年 10 月 1 日〕

一、単語

1. よびこむ〔呼び込む〕（他五）　叫进来
2. むしばむ〔蝕む〕（他五）　虫蛀
3. こうさくほうきち〔耕作放棄地〕（名词）　荒地
4. ヘクタール（名词）　公顷
5. かしかり〔貸し借り〕（名他サ）　借贷
6. いとなむ〔営む〕（他五）　经营
7. うけざら〔受け皿〕（名词）　接受，托盘
8. やるきがある〔やる気がある〕（连语）　有干劲
9. つぐ〔継ぐ〕（他五）　继承，添加

10. ごく〔極〕(副词)　最，极
11. とりくみ〔取り組み〕(名词)　承担，担任
12. サークル(名词)　圆，小组，范围
13. ほうじん〔法人〕(名词)　法人
14. うけおう〔請け負う〕(他五)　承包，包工
15. かたおかかつ〔片岡勝〕(人名)　片冈胜
16. のりだす〔乗り出す〕(自他五)　出击，探出
17. だんかいせだい〔団塊世代〕(名词)　40年代末出生的人们
18. メール(名词)　邮件
19. まるごと〔丸ごと〕(副词)　整个，全部
20. ケース(名词)　例子
21. いたく〔委託〕(名他サ)　委托，托付，代销
22. みずから〔自ら〕(副词)　亲自，亲身
23. てにしょくをつける〔手に職をつける〕　掌握技术在身
24. こうけいしゃ〔後継者〕(名词)　继承人
25. うけつぐ〔受け継ぐ〕(他五)　继承，接替
26. どぼくさぎょう〔土木作業〕(名词)　土木工程
27. かたわら〔傍ら〕(名词)　旁边，一面
28. あかのたにん〔赤の他人〕(名词)　完全没关系的人
29. たくする〔託する〕(他サ)　委托
30. Ｉターン　毕业后离开老家去外地工作
31. Ｕターン　毕业后回到老家工作
32. こころざす〔志す〕(五自他)　立志
33. にないて〔担い手〕(名词)　责任承担者，中坚力量
34. けんぎょう〔兼業〕(名他サ)　兼职
35. あまりにも(副词)　太，很，过分
36. こんぽんてき〔根本的〕(形容动词)　根本的

二、文型

1. ～ぬよう(＝ないように)

“ぬ”是文语否定助动词，等于口语的“ない”。“よう”是比况助动词，以“ように”的形式表示目的。/“为了不……”。“以便不……”。

△　政府は農地の貸し借りや発売で放棄地を<u>出さぬよう</u>努めているが、これはいま農業を営んでいる人を受け皿としている。

△　忘れぬように毎日日記をとっている。

△　入れぬようお願いします。

2.　～てはいけない

“～てはいけない”接动词连用形下，表示禁止命令，表示“不行”，“不可以”的意思。/“不能……”。

△　農家以外からやる気がある新しい人材を呼び込まなければ、農業を支えて<u>はいけない</u>。

△　従業中、話してはいけない。

△　いつでも規律を守ることを忘れてはいけない。

3.　～からだ

“から”是接续助词，接在用言终止形下，表示因果关系。以“からだ”的形式接在句末，表示因果句的倒装句。/“之所以……是因为……”。

△　農家を継ぐ農家の子や孫ごく少ない<u>からだ</u>。

△　学校を休んだのは風邪になったからだ。

△　よくできたのは普通しっかり勉強したからだ。

三、文章理解のポイント

1.　今日本では農業に従事している若者が多いですか。

2.　農業を支えるのは誰ですか。

3.　農業に興味がある学生を農家に派遣して、その収入だけで生活できますか。

4.　生活できるように農業をしながら何をしていますか。

5.　農林水産省に根本的な政策の転換をしてほしい原因はなんですか。

第九課　法規制回避へ自主対応
——健全サイトの認定機関

青少年保護のため携帯サイトなどでの違法・有害コンテンツの閲覧を制限するフィルタリンクサービス機能を、客観的な判断で運用するための民間の審査・認定機関の設立が相次いでいる。出会い系サイトなどで子供たちが事件に巻き込まれたる事例が問題化、その対策として台頭したネットの法規制議論に対し、民間側が「自主規制」策を打ち出した。

新機関は携帯サイト向けコンテンツ業界が四月に設立したモバイルコンテンツ審査・運用監視機構（EMA）と、出版社や放送局など向けコンテンツ事業者が今月末に設立予定のインタネット・コンテンツ審査監視機構（I－ROI)。電気事業者やプロバイダーなども参加する。健全サイトの評価基準の研究はあったが、制度導入は初めて。

きっかけは自民党青少年特別委員会が公表した有害サイト規制法案。携帯サイトは子供たちが親の監視のない環境で利用されるのが特徴だ。それがさまざまな書き込み型サービスの登場とともに新たなネット文化の舞台となる一方、学校裏サイトなどがいじめの温床になるなどの問題も生んでいる。法案は携帯を含むインターネットサイトの開設者、プロバイダーらに問題サイトをフィルタリングなどで十八歳未満の青少年が閲読できなくなる措置を講じるよう義務つける。対象サイトは国の審議会が審査し指定する内容だった。

ネント上には麻薬類、わいせつ物、コピー商品販売や、名誉棄損の書き込みなど違法サイトのほか、違法とまでいえないが自殺誘うなど公序良俗に反する有害サイトがある。その対策としてプロパイダーが自主判断で閉鎖や削除できるような法やガイドラインの整備が進んできたが、大人なら自己の責任で判断できる内容の出会い系サイトなどは親がフィルタリングソフトを導入、子供に見せない方法をとることが有効とされる。

しかし、携帯サイトは子供が利用しているのに容量など、その機能の特性からユーザごとに柔軟にフィルタリング機能を設定できず、導入すると画一的になり、事実上機能していなかった。審査機構は、認定制度を設け、書き込み型の掲示板類などは開設者として一定の要員を配置し監視体制をとっているかどうか、事業者の申請に基づき審査、閲覧可能にする。これらは外部の有識者に審査を依頼、公平性と透明性を確保するという。また大人も含め社会全体がネットをうまく使いこなすネットリテラシーの向上のための活動も展開するという。画一規制でなく利用者（親）の選択できる仕組みや制度が基本という。

特定サイトの閲覧制限への国の関与は検閲に似た効果があり表現の自由を侵す恐れの指摘があり、所管の総務所や自民党内にも消極論がある。同省の違法・有害サイト問題研究会で座長を務める堀部正男・一橋大学名誉教授は「欧米でも有害サイト対策は大きな問題だが、いずれも民間の自主的な対応でルールを確立する取り組みが基本だ」と指摘する。

国が積極的に関与する法案の骨子は見送られる情勢だが、青少年対策に直面する家庭や学校関係者の強い危機感を体現した国会の動きが民間側の対応を促した。

法規制を回避するために民間側が自主的対応の確立・強化を迫られるのは、放送界の放送倫理・番組向上機構（BPO）の誕生やその後の経過と同様の構図。公権力の強いけん制が働く中でスタートしたネット社会のルール作りはメデイア界全体の課題である。

〔日本経済新聞 2008 年 5 月 26 日〕

一、単語

1.　サイト（名词）　　　　网址、地点

2. けいたい〔携帯〕（名・他サ）　携帯
3. コンテンツ（名词）　内容
4. フィルタリングサービス（名词）　过滤服务
5. まきこむ〔巻き込む〕（他五）　卷入
6. ネット（名词）　网络
7. モバイルコンテンツ（名词）　手机内容
8. プロバイダー（名词）　网络营运商
9. きっかけ（名词）　机会
10. きせいほうあん〔規制法案〕（名词）　限制法案
11. あらた〔新た〕（形动）　新的
12. おんしょう〔温床〕（名词）　温床
13. うむ〔生む〕（他五）　生、产
14. えつどく〔閲読〕（名・他サ）　阅读
15. こうじる〔講じる〕（他一）　采取（措施）
16. まやくるい〔麻薬類〕（名词）　毒品类
17. わいせつぶつ〔猥褻物〕（名词）　下流物
18. きそん〔棄損〕（名词）=〔毀損〕　败坏
19. こうじょりょうぞく〔公序良俗〕（名词）　社会风尚
20. ガイドライン（名词）　指针
21. ソフト（名词）　软件
22. ユーザ（名词）　用户
23. じゅうなん〔柔軟〕（形动）　柔软的
24. かくいつ〔画一〕（名词）　统一
25. もうける〔設ける〕（他一）　设置
26. ゆうしきしゃ〔有識者〕（名词）　有见识的人
27. かくほ〔確保〕（名・他サ）　确保
28. つかいこなす〔使いこなす〕（他五）　熟练使用
29. ネットリテナシ（名词）　（好坏）网页识别能力
30. しくみ〔仕組み〕（名词）　组织
31. かんよ〔関与〕（名・他サ）　参与

32. おかす〔侵す〕（他五）　　　侵害、侵犯
33. しょかん〔所管〕（名・他サ）　　　管辖
34. しょうきょくろん〔消極論〕（名词）　　　消极论
35. つとめる〔務める〕（他一）　　　担任、做、当
36. ほりべまさお〔堀部正男〕（人名）　　　掘部正男
37. いちはしだいがく〔一橋大学〕（名词）　　　一桥大学
38. めいよ〔名誉〕（名词）　　　名誉
39. いずれも（副词）　　　全部，谁都
40. ルール（名词）　　　规则
41. とりくみ〔取り組み〕（名词）　　　编排
42. こっし〔骨子〕（名词）　　　要点
43. うながす〔促す〕（他五）　　　促进
44. こうず〔構図〕（名词）　　　蓝图
45. けんせい〔牽制〕（名・他サ）　　　牵制
46. スタート（名・自サ）　　　起点、开始
47. メデイア　　　媒体

二、文型

1. ～として

表示身份、地位、资格、立场、种类、作用等。/作为……。以……身份……。

△　出会い系サイトなどで子供たちが事件に巻き込まれたる事例が問題化、その対策<u>として</u>台頭したネットの法規制議論に対し、民間側が「自主規制」策を打ち出した。

△　母として、子供を心配するのは当たり前でしょう。

△　学長の代理として、会議に出席した。

2. ～のほか（に）

表示除此之外还有其他。/除了……还……。

△　ネント上には麻薬類、わいせつ物、コピー商品販売や、名誉棄損の書き込みなど違法サイト<u>のほか、</u>違法とまでいえない

が自殺誘うなど公序良俗に反する有害サイトがある。

△　張さんのほかに李さんも行きました。

△　あの方はA社のほか、B社の社長もしている。

3.　～とされる（とされている）

表示一般所公认的事实。用于报道、论文等正规的文体中。/一般认为……。

△　その対策としてプロバイダーが自主判断で閉鎖や削除できるような法やガイドラインの整備が進んできたが、大人なら自己の責任で判断できる内容の出会い系サイトなどは親がフィルタリングソフトを導入、子供に見せない方法をとることが有効とされる。

△　早寝早起きの人は長生きだとされています。

△　夏によく泳いでおくと、冬になって風を引かないとされる。

4.　～ごとに

表示在某种前提下全都如此。/每……。

△　しかし、携帯サイトは子供が利用しているのに容量など、その機能の特性からユーザごとに柔軟にフィルタリング機能を設定できず、導入すると画一的になり、事実上機能していなかった。

△　郵便屋さんは手紙を家ごとに配って歩いています。

△　彼は会う人ごとに、今度建てた家のことを自慢している。

5.　～かどうか

表示从相反的两种情况或事物中选择其一，或表示忧虑。/是否……。是不是……。

△　審査機構は、認定制度を設け、書き込み型の掲示板類などは開設者として一定の要員を配置し監視体制をとっているかどうか、事業者の申請に基づき審査、閲覧可能にする。

△　明日は休みかどうかまだわからない。

△　こんなに疲れてしまって、明日の朝 6 時には起きられないかどうか心配だな。

6.　～に基づく

表示以某事物为基础或根据。/根据……。按照……。

△　審査機構は、認定制度を設け、書き込み型の掲示板類などは開設者として一定の要員を配置し監視体制をとっているかどうか、事業者の申請に基づき審査、閲覧可能にする。

△　この小説は歴史の事実に基づいて書かれたものです。

△　計画に基づいて、新しい街づくりが始まりました。

7.　～という

“という”没有其他变化形式，也不可变为敬体。常用于报纸或杂志的报道，或一般广为流传的事情。/听说……。据说……。

△　また大人も含め社会全体がネットをうまく使いこなすネットリテラシーの向上のための活動も展開するという。

△　人体の組織は7年ごとにまったく一新するという。

△　卒業後は郷里へ帰って教師をしているという。

8.　～に似る

像、似。一般多用“似ている”，“似た”的形式。

△　特定サイトの閲覧制限への国の関与は検閲に似た効果があり表現の自由を侵す恐れの指摘があり、所管の総務所や自民党内にも消極論がある。

△　娘は母親によく似ている。

△　これに似たやり方はほかにもある。

9.　格助词「へ＋の」の使い方：

接续：体言＋への＋体言

意义：格助词“へ”表示移动的方向。格助词“の”和“へ”重叠，构成连体修饰语。/“朝（方向）的……”。“到……去的……”。

△　特定サイトの閲覧制限への国の関与は検閲に似た効果があり表現の自由を侵す恐れの指摘があり、所管の総務所や自民党内にも消極論がある。

△　これは友達への手紙です。

△　その列車は上海への列車です。

10. 副助词「でも」の使い方：

①「でも」接体言、副词、助词、以及活用词连用形后面。表示类推。通常是举出一个极端的事项以暗示一般的场合。/“就连……也……”。“哪怕……也……”。

△ 同省の違法・有害サイト問題研究会で座長を務める堀部正男・一橋大学名誉教授は「欧米でも有害サイト対策は大きな問題だが、いずれも民間の自主的な対応でルールを確立する取り組みが基本だ」と指摘する。

△ 子供でも知っている。

△ 忙しいので、日曜日でも会社へ出なければなりません。

② 表示概指事物，举出一两项事物表明大致的范围。/“……之类”。“或是……”。

△ まだ時間があるから、お茶でも飲んでいきましょう。

△ 先生にでも相談してみたらどうでしょうか。

△ こんなときお母さんでもいてくださるといいんだが。

11. 接续助词「が」

①「が」接活用词终止形后面。表示确定的逆接条件。/“虽然……可是……”。

△ 同省の違法・有害サイト問題研究会で座長を務める堀部正男・一橋大学名誉教授は「欧米でも有害サイト対策は大きな問題だが、いずれも民間の自主的な対応でルールを確立する取り組みが基本だ」と指摘する。

△ 春は来たが、まだ寒い。

△ 仕事は難しいが、終わりまで続ける。

② 单纯接续，属于顺态接续，起到呈上起下的作用。

△ 夜中に目が覚めたが、もう雨が止んでいた。

△ 私も時折行くが、本当に景色がいいところだ。

△ 私が山田ですが、何か御用ですか。

三、文章理解のポイント

1. 民間側が「自主規制」策を打ち出したが、その内容は何ですか。
2. 健全サイトの評価基準は何でしょうか。
3. 健全サイトの認定期間に参加したのは誰ですか。
4. ネット上の有害サイトへの対策は何でしょうか。
5. 外部の有識者に審査を依頼するのはどういうことですか。
6. メディア界全体の課題は何ですか。

第十課　「エコ買い」と環境外交

〈賢い主婦はスーパーで手前に並んでいる古い牛乳を買う〉

日本新聞協会広告委員会が主催する2008年度の新聞広告クリエーティブイコンテストで、最優秀賞に輝いた作品「エコ買い」のコピーだ。

スーパーなどで食品を買う際、棚の手前に置いてある古い方を選ぶのが「エコ買い」。売れ残って廃棄される量を減らし、温室効果ガス削減にもつながるというのだ。

審査委員会の児島令子氏（コピーライター）は好評で「棚の奥から新しい商品をとるという行為は『私もしている』と最悪感を持った。古い順に商品を買うことがエコだという視点にハットさせられた」と述べている。今求められているのは、発想を転換することだろう。

安倍首相は5月下旬に発表した地球温暖化対策「美しい星50」で、「一人一日一キロ二酸化炭素（CO_2）削減」の国民運動を提起した。それは、快適さ、便利さ、安さといったこれまでのライフスタイルを、エコライフに転換しようということだ。

「シャワーを一日一分減らす」「エコ製品に買い替える」「冷房を一度高く、暖房を一度低く」などを提案する。その一つ一つが意識してやればできないことではない。日本が京都議定書で目標とする「2012年までに1990年比で排出ガス6%削減」を達成できるかどうかは、一人一人の行動にかかっている。

先の主要国首脳会議（サミット）でも、環境問題が最大のテーマとなった。京都議定書から離脱している最大排出国の米国を含むG8が、「ポスト京都」の枠組み作りで合意した意義は大きい。

4月以降、九州を中心に光化学スモッグ注意報が相次いで発令されている。今年10年ぶりに注意報を出された北九州市では5月27日、市立小85校で予定していた運動会が中止になる事態となった。喉の痛みや目の異常を訴える児童らは350人以上に上った。

以前と大きく違う点は、天草（熊本県）、五島列島（長崎県）といった風光明媚で大気環境が良い場所でも発令されていることだ。「発生源は中国大陸と強く推測せざるを得ない」（麻生渡・福岡県知事）として、九州地方知事会は先週、国に緊急要望を行った。原因究明とともに「国際的な対応も視野に入れた対策」を求めている。

環境外交でも視点を変えてみる必要がある。中国との関係でもそうだ。「損して得取る」発想への転換だ。

住明正・東大教授（気象学）は次のように指摘する。

「中国から大気汚染がどんどん来る。今から環境・省エネ技術や資金を中国に出したほうが日本のためだ。中国に技術を真似られて損をする、という意見もあるが、ポスト京都に中国を参加させるためにも必要だ」

来年北海道洞爺湖サミットに向け、日本の環境外交の真価が問われる。

〔読売新聞2007年6月17日〕

一、単語

1. エコかい〔エコ買い〕（名词）　（花钱）买环境
2. かしこい〔賢い〕（形）　贤明、明智
3. クリエーテイブコンテスト（名词）　独创性大赛
4. うれのこる〔売れ残る〕（自五）　未卖出的
5. はいき〔廃棄〕（名・他サ）　报废、废弃
6. へらす〔減らす〕（他五）　减少
7. こじまれいこ〔児島令子〕（人名）　儿岛令子
8. さいあくかん〔最悪感〕（名词）　最差
9. ハット（副词）　吃惊貌
10. にさんかたんそ〔二酸化炭素〕（名词）　二氧化碳

11. ライフスタイル（名词） 生活方式
12. エコライフ（名词） 环境生活
13. りだつ〔離脱〕（名・自サ） 脱离
14. ポスト京都（名词） 后京都议定书时代
15. わくぐみ〔枠組み〕（名词） 框架
16. ごうい〔合意〕（名・他サ） 达成协议
17. はしわたしやく〔橋渡し役〕（名词） 桥梁作用、中间人作用
18. おせんぶつ〔汚染物〕（名词） 污染物
19. ひらい〔飛来〕（名・自サ） 飞来、飘来
20. スモッグ（名词） 化学烟雾
21. あまくさ〔天草〕（地名） 天草
22. ごとうれっとう〔五島列島〕（地名） 五岛列岛
23. ふうこうめいび〔風光明媚〕（名词） 风光明媚
24. あそうわたる〔麻生渡〕（人名） 麻生渡
25. きんきゅうようぼう〔緊急要望〕（名词） 紧急请求
26. すみあきただし〔住明正〕（人名） 住明正
27. まねる〔真似る〕（他五） 模仿
28. サミット（名词） 首脑会议

二、文型

1. ～てある

①表示某种人为的动作行为的结果依然存在。接他动词连用形，原来的宾语“を”改用“が”来表示。/……着。……了。

△ スーパーなどで食品を買う際、棚の手前に置いてある古い方を選ぶのが「エコ買い」。

△ まどが開けてあるのは、空気を入れ替えるためだ。

△ 花瓶には美しい花が何本か挿してあります。

②表示完成或准备工作已经做完。

△ 必ず行くと言ってあるから、きっと待っているだろう。

△ 今日はお客さんが来るから、ビールをワンケース買ってある。

△　明日使えるように、もう自転車を直してある。

2.　～につながる

（人或事因某种关系）连在一起。/连接……。相关联……。导致……。

△　売れ残って廃棄される量を減らし、温室効果ガス削減にもつながるというのだ。

△　沈黙は承諾に繋がる。

△　努力したことがよい結果に繋がった。

3.　～のだ（んだ）

①表示对上述的事情或状况的原因、理由、根据进行说明。

△　売れ残って廃棄される量を減らし、温室効果ガス削減にもつながるというのだ。

△　道路が渋滞している。きっとこの先で工事をしているのだ。

△　こうして一人住まいをしていると、ますます孤独感が深まっていくのだ。

②表示说话人的主张、判断、决心、强调。

△　誰がなんと言おうと、私の意見は間違っていないのだ。

△　誰が反対しても、ぼくはやるのだ。

△　なんとしても、このことだけは達成するのだ。

4.　～という

①表示说明后一体言的具体内容。

△　審査委員会の児島令子氏（コピーライター）は好評で「棚の奥から新しい商品をとるという行為は『私もしている』と最悪感を持った。

△　今はだれにも会いたくないという気持ちです。

△　彼女の到着が一日遅れるという電話があった。

②表示人或事的称谓。

△　田中という人に会いました。

△　「雪国」という小説は川端康成が書いたのです。

△　これはマンゴーという果物です。

5. ～ということだ

表示传闻，直接引用的语感较强。/听说……。

△ それは、快適さ、便利さ、安さといったこれまでのライフスタイルを、エコライフに転換しようということだ。

△ 山田さんは近く会社を辞めて留学するということだ。

△ この店は当分休業するということで、私のアルバイトも今日で終わりになった。

6. ～までに

表示时间的界限，后项的动作或行为是在此前的某一时间上发生的。后项不能用持续动词。/在……之前……。到……时候为止。

△ 日本が京都議定書で目標とする「2012年までに90年比で排出ガス6%削減」を達成できるかどうかは、一人一人の行動にかかっている。

△ 9時までにここに来てください。

△ 夏休みが終わるまでにこの小説を読んでしまいたい。

7. ～だけではなく……も……

表示前后两者没有例外。/不仅……。不但……而且……。

△ 近い将来、米国を抜いて最大の排出国となるからだけではない。

△ 私はクラシックだけでなく、ジャズも好きだ。

△ 今度の台風で、村は田畑だけではなく、家屋も大きな被害を受けた。

8. ～ぶりに

表示经过了一段时间后，又出现了原来的状态或行为。有觉得时间很长的感觉。/隔了……之后又……。

△ 今年10年ぶりに注意報を出された北九州市では5月27日、市立小85校で予定していた運動会が中止になる事態となった。

△ 三日ぶりに意識を回復した。

△ 遭難者は20時間ぶりに救出された。

9. ～ざるをえない

文语残留，前接动词未然形。表示除此之外没有其他选择。/不得不……。不能不……。

△　「発生源は中国大陸と強く推測せざるを得ない」（麻生渡・福岡県知事）として、九州地方知事会は先週、国に緊急要望を行った。

△　資金不足のために、この開発計画も今後大幅な修正をせざるを得ないだろう。

△　上司に命じられた仕事なら、いやでもやらざるを得ない。

10. 接续动词「ば」の使い方：

「ば」接在活用词假定形后面。

①表示假定顺接条件。

△　その一つ一つが意識してやれば、できないことはない。

△　内容がよければ、買いましょう。

△　一生懸命練習すれば、きっと上手になりますよ。

②表示确定顺接条件。

△　働き出してみれば、そんなに辛くはなかった。

△　ここまで送ってくれば、もう一人で帰れる。

△　こちらが好意を示せば、相手も親切にしてくれた。

③表示恒常条件。

△　塵も積もれば、山となる。

△　春になれば、花が咲く。

△　五に五を足せば、十になる。

11. 「ら」の使い方：

主要用于表示人的体言或代词之后，表示复数。/等、们。

△　喉の痛みや目の異常を訴える児童らは350人以上に上った。

△　僕らはみんな生きている。

△　それらのものはもう廃棄していいよ。

12. 补助助词「てみる」の使い方：

接动词连用形。表示试探性的行为或动作。/“试一试”、“试试看”。

△　環境外交でも視点を変えてみる必要がある。

△　聞いてみますから、ちょっと待ってください。

△　やってみなければわからないでしょう。

三、文章理解のポイント

1. 環境外交には、どんな内容が含まれていますか。
2. 京都議定書の内容は何ですか。
3. 今、世界中の環境汚染の問題は何ですか。
4. 日本環境外交の真価は何ですか。
5. 2008 年 7 月上旬、日本北海道洞爺湖で催した八カ国首脳会議では環境に対し、どんな新しい対策を出したか。
6. 私たち一人一人は、どのようにして環境を守りますか。

第十一課　自立「訓練生」一律で低賃金——同じ作業棟　ほぼフルタイム

福祉施設で働く障害者は、労働法規が適用される「労働者」と、自立に向けたトレーニングを受ける「訓練生」に制度上、分けられている。だが、訓練生の中にも労働者と変わらない働きぶりの人が多い。現状と課題を追った。

3 倍超の差

白い作業着姿の知的障害者たちが、黙々と仕事に打ち込む。「福祉工場」と「授産施設」を運営する神奈川県平塚市の障害者就労支援施設「しんわルネサンス」は、自動車メーカー「ホンダ」から部品の組立て作業を受注し、障害者に就労の機会を提供している。

福祉工場で働く 25 人の障害者は、施設と雇用契約を結んで働く「労働者」、授産施設の 71 人は雇用関係のない「訓練生」という位置づけとなっている。労働者と訓練生は同じ作業で一緒に働き、実働時間も労働者が一日 7 時間 40 分、訓練生が同 6 時間 25 分と、いずれもほぼフルタイムだ。

福祉工場では、完成品のチェックなど判断能力を必要とする高度な仕事、授産施設では、単純な組み立て作業と、仕事の難易度に差はある。とはいえ、賃金は、最低賃金法が適用される福祉工場は税込みで月平均約 163000 円、同法が適用されない授産施設は同 50000 弱となっており、3 倍以上の開きがある。

いずれの賃金水準も、全国の福祉工場、授産施設の中では有数の高額だ。賃金に差がつく背景には、福祉工場の労働者には、最低賃金を支払わなければない一方、授産施設の場合は、こうした制約はないといった事情がある。

久保寺一男・しんわルネサンス所長（55）は、「福祉工場で働く人を増やすには、社会保険料なども新たに負担しなくてはならず、施設全体の収益増が欠かせない。企業がある程度の量の仕事を施設に発注したら、法で義務付けられている障害者の雇用とみなすなど、企業の発注を促す仕組みがほしい」と話す。

働き方に明確な差を付けているのは、名古屋市障害者就労支援施設「わだちコンピュータハウス」。障害者自立支援法に基づき、「就労継続支援・雇用型」（11人）と「同・非雇用型」（19人）などの複数の事業を運営しているが、身体障害者がひとつの仕事場で、企業や役所から受注したデータ入力やパンフレット作成などの仕事をしている。

雇用型は一日8時間、週5日制以上の勤務で、残業や休日出勤もある。非雇用型は1日5～6時間、週3日以上の勤務で、ゆとりのある働きをしたい人を受け入れる。

雇用型は最低賃金法が適用されるので、税込みで月15万～16万円稼ぐ人もいる。非雇用型は同法が適用されず、月約5万円～10万円だが、非雇用型で働く竹内稔喜（としき）さん（42）は「体調が不安定なので、自分のペースで仕事をしたい。非雇用型の方が自分に合っている」と話す。

保護雇用の国も

多くの施設では、仕事の量や質、効率が最低賃金に見合う人かどうかが、雇用型と非雇用型を分ける基準となっているようだ。一方、非雇用型の障害者を「訓練生」と位置づけることへの疑問もある。

スウエーデンやオランダなどでは、原則として障害者はすべて労働者と認め、最低賃金に達していない人については、不足分が国が補っている。「保護雇用」と呼ばれ、日本でも導入を求める声がある。

京都府舞鶴市の障害者就労支援施設「ワークショップほのぼの屋」の西沢心施設長（45）は、「施設も努力しなければならないが、それだけでは不十分。保護雇用の導入など、抜本的な制度の見直しが必要だ」と強調している。

〔読売新聞2007年8月16日〕

一、単語

1. くんれんせい〔訓練生〕（名词）　练习生、照顾生
2. フルタイム（名词）　从头到尾、整时间
3. ふくししせつ〔福祉施設〕（名词）　福利设施
4. しょうがいしゃ〔障害者〕（名词）　残疾人
5. トレーニング（名词）　训练、培训
6. はたらきぶり〔働きぶり〕（名词）　劳动情况
7. もくもくと〔黙々と〕（副词）　默默地
8. うちこむ〔打ち込む〕（动五）　认真做、埋头于、打进
9. じゅさんしせつ〔授産施設〕（名・自サ）　（给残疾人、妇女）工作的场所
10. ひらつかし〔平塚市〕（地名）　平冢市
11. ルネサンス（名词）　复兴、振兴、文艺复兴
12. ホンダ（名词）　本田（汽车公司）
13. じゅちゅう〔受注〕（名词）　接订单
14. いちづけ〔位置づけ〕（名词）　定位置、找准位置
15. チェック（名・他サ）　核对、检查
16. くみたて〔組立て〕（名词）　组装
17. ぜいこみ〔税込み〕（名词）　含税
18. さがつく〔差がつく〕（词组）　有差距、不同
19. くぼてらかずお〔久保寺一男〕（人名）　久保寺一男
20. はっちゅう〔発注〕（名・他サ）　订货
21. ペース（名词）　速度
22. わだちコンピューターハウス（企业名）　辙氏电脑宫
23. やくしょ〔役所〕（名词）　政府机关
24. データ（名词）　数据
25. にゅうりょく〔入力〕（名・他サ）　输入
26. パンフレット（名词）　小册子
27. ゆとりのある(词组)　轻松的、不紧张
28. うけいれる〔受け入れる〕（他一）　接受

29. かせぐ〔稼ぐ〕 挣钱、打工
30. たけうちとしき〔竹内稔喜〕（人名） 竹内稔喜
31. たいちょう〔体調〕（名词） 身体状况
32. スウエーデン（国名） 瑞典
33. オランダ（国名） 荷兰
34. おぎなう〔補う〕（他五） 补偿
35. ほごこよう〔保護雇用〕（名词） 雇用保护
36. ワークショップ（名词） 劳动研究会
37. ほのぼの(副词) 朦胧、东方渐白
38. にしざわこころ〔西沢心〕（人名） 西泽心
39. ばっぽんてき〔抜本的〕（形动） 彻底地
40. みなおす〔見直す〕（他五） 重新调整

二、文型

1. ～とはいえ

表示后项的说明对前项的既定事实是一种否定。/虽说……但是……。尽管……却……。

△ とはいえ、賃金は、最低賃金法が適用される福祉工場は税込みで月平均約 163000 円、同法が適用されない授産施設は同50000 弱となっており、3 倍以上の開きがある。

△ 期待していなかったとはいえ、優勝できなかったのは、やはり残念だ。

△ 実験は成功したとはいえ、実用化するまでにはいまだ程遠い。

2. ～なくてはならず

是“～なくてはならない”中顿形。表示从社会常识或事情的性质来看，不那样做就不合情理。/不……就不行……。必须……。应该……。

△ 久保寺一男・しんわルネサンス所長（55）は、「福祉工場で働く人を増やすには、社会保険料なども新たに負担しなくてはならず、施設全体の収益増が欠かせない。

△ 教師は生徒に対して公平でなくてはならない。

△　医者になるためには国家試験に合格しなくてはならない。

3.　～にあう

①表示相称、合适、匹配。

△　非雇用型は同法が適用されず、月約5万円～10万円だが、非雇用型で働く竹内稔喜（としき）さん（42）は「体調が不安定なので、自分のペースで仕事をしたい。非雇用型の方が自分に合っている」と話す。

△　その靴はこの服に良く合う。

△　ここの生活はこの子にあっている。

②表示（大小、程度、数量等）一致、合适。

△　この指輪が私の指にちょうど合う。

△　鍵が鍵穴と合う。

△　彼にはＬサイズが合う。

4.　～（比况助动词）ようだ

表示比喻、例举，是委婉的、不确切的判断或推测。/像……似的。宛如……一样。

△　多くの施設では、仕事の量や質、効率が最低賃金に見合う人かどうかが、雇用型と非雇用型を分ける基準となっているようだ。

△　あの話は以前にどこかで聞いたようだ。

△　彼は私に気づかなかったようで、黙って行ってしまった。

5.　～だけでは

表示如果只是那样做的话就会有不好的结果。/如只是那样……就会……。

△　京都府舞鶴市の障害者就労支援施設「ワークショップほのぼの屋」の西沢心施設長（45）は、「施設も努力しなければならないが、それだけでは不十分。

△　スポーツは見るだけでは面白くない。

△　外国へ行ってただ景色を見るだけではつまらない。そこの土地の人たちとちょっとでも触れ合う旅にしたい。

三、文章理解のポイント

1. 「訓練生」という意味は何ですか。
2. 「訓練生」の賃金は、どうですか。労働者とは何か差がありますか。
3. 雇用型と非雇用型の区別は何ですか。その基準となったのは何ですか。
4. スウエーデンやオランダのほうは障害者についてどう扱っていますか。

第十二課　「有形」以上に消滅の危機一律
——無形文化遺産

伝統芸能、伝承、祭礼などの世界的に価値の高い無形文化財を対象にした「無形文化遺産保護の条約」に基づく政府間委員会の第二回の会合が9月3日から東京で開かれる。同条約は2003年10月のユネスコ総会で採択され、日本を含む30カ国の批准を得て2006年4月20日に発行した。現在は批准国が78カ国に達している。

無形遺産保護条約は、実は大変な難産の末に出来上がった。世界遺産条約の主導権を握った西欧諸国では、文化遺産の対象を有形に絞っていたからだ。かたや日本では早くも1959年には文化財保護法が作られ、有形と無形とを二本立てで考える良き伝統が培われてきた。

私も世界遺産には無形も含めるべきだと考え、ユネスコ事務局長就任直後、保護条約作成しようと試みた。ところが、日本を含むアジア、アフリカ諸国および中東欧は最初から全面的に支援してくれるものの、無形を文化遺産ととられる概念が存在しない西欧諸国から大変な抵抗を受けたのである。それでも粘り強い交渉の結果、徐々にベルギーやルセンブルク、アイスランド、そして最後にフランスが賛成に回ってくれたことは大きい。意見の割れていたラテンアメリカや中東諸国の賛同も得られ、最終的には棄権国はあったが反対ゼロで採択された。

これまで3回にわたって世界無形遺産の候補を「傑作宣言」として発表し、その重要性を訴えてきた。「傑作」と宣言された無形文化遺産は、日本の文楽、能、歌舞伎など90件に上る。

無形文化遺産保護条約上の無形文化遺産は、日本で言う無形文化財よりも広議だ。条約第2条で規定された5本柱は「口承による伝統および表現（無形文化遺産の伝達手段としての言語を含む）」「芸能」「社会的習慣、儀式および祭礼行事」「自然および万物に関する知識および慣習」「伝統工芸技術」である。有形は西欧を中心とする一部の国に偏っているが、無形は発展途上国を含めて幅広く存在する。

今回の日本での会合の大きな目的は、2009年秋に発表される無形文化遺産登録に向けての新しい作業指針を詰めることだ。それに基づき「人類の無形文化遺産の代表リスト」と「緊急に保護する必要がある無形文化遺産リスト」も作られる。これまでに採択された90件の傑作は、自動的に前者のリストに入る予定だ。

しかし、人から人に伝えるという性格をもつ無形遺産の大半は発展途上国にあり、有形の文化遺産以上に消滅の危機に瀕している。このような無形遺産を救うために国際協力が必要である。

無形文化遺産保護には、各国分担金の1％を当てた基金があるが、限界がある。任意拠出金に頼らざるを得ない中で、日本は世界に先駆け積極的に支援してくれたが、最近は政府開発援助（ODA）削減の影響が懸念されている。伝承文化の重要性を心得た「先輩国」としてのリーダーシップを、日本には期待したい。

現在、世界遺産条約は締約国が185カ国に達し、851件の世界遺産（約8割が文化遺産）が登録されている。今後は、無形文化遺産も有形と並ぶもうひとつの柱として、世界遺産の両輪を成してゆくべきだろう。そのためにもメンバー国が増え、世界遺産締約国の規模にまで膨らむことを願っている。

無形文化遺産に対する関心には、まだ世界の地域差が大きい。文化の多様性を維持し保護してゆくために、グローバルな体制確立が求められている。

〔読売新聞2007年8月16日〕

一、単語

1.	むけいぶんかいさん〔無形文化遺産〕（名词）	无形文化遗产
2.	じょうやく〔条約〕（名词）	条约
3.	かいごう〔会合〕（名・自サ）	会合
4.	ユネスコ（名词）	联合国教科文组织
5.	さいたく〔採択〕（名・他サ）	决议、通过
6.	ひじゅんこく〔批准国〕（名词）	批准国
7.	なんざん〔難産〕（名・自サ）	难产、未通过
8.	しゅどうけん〔主導権〕（名词）	主导权
9.	しぼる〔絞る〕（他五）	集中、拧、挤
10.	しゅうにんちょくご〔就任直後〕（名词）	就任当初
11.	ねばりつよい〔粘り強い〕（形）	坚忍不拔
12.	こうしょう〔交渉〕（名・他サ）	交涉、谈判
13.	ベルギー（国名）	比利时
14.	ルセンブルク（国名）	卢森堡
15.	アイスランド（国名）	冰岛
16.	われる〔割れる〕（自一）	裂开、不一致
17.	ラテンアメリカ（名词）	拉丁美洲
18.	きけんこく〔棄権国〕（名词）	弃权国
19.	ゼロ（名词）	零
20.	こうほ〔候補〕（名词）	候补
21.	けっさく〔傑作〕（名词）	杰作
22.	こうしょう〔口承〕（名・他サ）	口传
23.	かたよる〔偏る〕（他五）	偏颇、偏、偏于
24.	つめる〔詰める〕（他一）	全力以赴、节约、塞入
25.	リスト（名词）	名单
26.	たいはん〔大半〕	过半
27.	はってんとじょうこく〔発展途上国〕（名词）	发展中国家
28.	ひんする〔瀕する〕（自サ）	濒临
29.	すくう〔救う〕（他五）	救、拯救

30. ぶんたんきん〔分担金〕（名词） 分担费用
31. にんいきょしゅつきん〔任意拠出金〕（名词） 机动资金
32. けねん〔懸念〕（他サ） 担心
33. でんしょう〔伝承〕（他サ） 传承
34. こころえる〔心得る〕（他五） 体会、理解
35. リーダーシップ（名词） 领导力
36. ていやくこく〔締約国〕（名词） 缔约国
37. とうろく〔登録〕（他サ） 登记
38. はしら〔柱〕（名词） 主要内容、柱子
39. メンバー（名词） 成员
40. グローバル（名词） 全球、全世界

二、文型

1. ～に上る

①（数量）高达、达到

△「傑作」と宣言された無形文化遺産は、日本の文楽、能、歌舞伎など90件に上る。

△ 海外旅行者の数は20万人に上る。

△ 枯れてしまった松の木の数は数百本に上る。

②成为（话题）、列入（计划）、被提到（议事日程）

△ あなたのことがうわさに上った。

△ 節税のことが議題に上った。

△ 京都旅行は日程に上る。

③晋升、荣升

△ あの男は大臣の位に上った。

2. ～ての

这是接续助词和格助词的重叠，表示“……之后的……”之意。

△ 2009年秋に発表される無形文化遺産登録に向けての新しい作業指針を詰めることだ。

△ よくよく考えての行動だ。

3.　～以上に

表示超出某种程度。/超过……。太……。

△　有形の文化遺産以上に消滅の危機に瀕している。

△　英語試験の点数は想像以上に悪かった。

△　彼女はタイ人なのに、日本人以上に日本の歴史について詳しい。

4.　接续助词「ものの」の使い方：

「ものの」接在活用词的连体形后面。表示承接前项的事实，即“それはほんとうだ”，但后项却是与前项不相符的事实。/虽说……但是……。

△　ところが、日本を含むアジア、アフリカ諸国および中東欧は最初から全面的に支援してくれるものの、無形を文化遺産ととられる概念が存在しない西欧諸国から大変な抵抗を受けたのである。

△　それはいうものの、なかなかそう簡単にはいきませんよ。

△　答えを教えてあげると約束はしたものの、実はぼくにもよくわからないで困っている。

5.　副助词「まで」の使い方：

「まで」接在体言、助词、以及活用词的连体形后面。

①表示程度或限度

△　そのためにもメンバー国が増え、世界遺産締約国の規模にまで膨らむことを願っている。

△　そんなにまでしてくれなくていい。

△　千代子は目が赤くなるまで泣いた。

②举出一个极端的事例，暗示一般的（分量较轻的）场合，或表示添加的意思。/连……也……。甚至于……。

△　あなたまでも私を裏切るんですか。

△　心無い鳥までも彼の死を悲しんでいるようだ。

△　いよいよだめなら絶好しようとまで思っていた。

三、文章理解のポイント

1.　世界文化遺産は何を含むべきですか。

2. 無形文化遺産は何を指しますか。
3. 今世界では、有形と無形の文化遺産についてどう採択されていますか。
4. 無形文化遺産に対する関心は実にどんな目的を持っていますか。
5. 現在、世界遺産条約についての知識を話してみなさい。

第十三課　問われる放送の公共性

「放送の公共性より利益を優先する企業が放送局の経営に影響を及ぼすようになった場合、放送の役割の重要性をきちんと踏まえてくれるのか、強い危惧を抱かざるを得ません」（編成考察局考察部門有志）

「楽天は金融に大きく依存した企業グループ。その株式を個人が大量保有し事実上支配している現状は、公正や不偏不党を旨とする報道機関とは相容れない」（ＴＢＳテレビ営業本部有志一同）

東京・赤坂のＴＢＳ本社12階。売店脇に、楽天の株買い増しに反対する張り紙がずらり並ぶ。懸念しているのは放送の公共性が揺るがないかという点だ。

楽天は、三木谷浩史社長が個人資産運用会社や夫人の持ち分を含め45.4％の株を保有する。三木谷社長は創業者で筆頭株主、さらに経営トップでもあり、影響力は極めて大きい。傘下にインターネット専業証券の楽天証券やクレジットカードの楽天ＫＣなどを持ち、金融関連事業が全売上高の6割を占める。

楽天幹部は「ＴＢＳの報道に口を挟むことはないし、放送の公共性を担保するやり方はいくらでもある」と強調するが、他のテレビ局からも、「視聴者から見れば、大株主に配慮した報道ではないかと疑いを持たれる。証券会社を持っていれば、絶えずインサイダーの問題が降りかかる」（テレビ東京の菅谷定彦社長）との指摘がある。

「テレビは影響力にふさわしい自覚や責任を備えていない発展途上のメデイアだ。一連の番組不祥事は必然的に起きたものだ。」

16日午後、東京・内幸町で開かれたマスコミ倫理懇談会全国協議会の公開シンポジウム。清水英夫・青山学院大学名誉教授がテレビ業界を厳しく批判した。

フジテレビ系「発掘！あるある大事典Ⅱ」捏造問題で、テレビ業界は不祥事に揺れる。ＴＢＳも、不十分な取材の元に不二家の衛生管理を批判した情報番組「みのもんたの朝ズバッ！」など3番組が総務所から厳重注意を受けた。

楽天はこうしたメデイア不信を突く。買い付け意向説明書では、「公共的使命を実現するには、(ＴＢＳには) 全社的なコンプライアンス (法令順守) 体制の確立が不可欠。株主として様々提言を言いたい」と表明した。

元ＴＢＳ企画局長で常盤大非常勤講師の田原茂行さんは「買収への印籠のように、放送経営者は公共性を言い出すが、相次ぐ不祥事や娯楽偏重の番組編成では、視聴者はＴＢＳの企画防衛を応援する気にならない」と話す。

放送の公共性問題、答えを出さなければならないのは、楽天ばかりではない。

〔読売新聞 2007 年 6 月 17 日〕

一、単語

1. ふまえる〔踏まえる〕(他一)　根据、依据、踏
2. きぐ〔危惧〕(名词)　畏惧、担心
3. グループ (名词)　集团
4. ふへんふとう〔不偏不党〕(名词)　不偏不倚
5. むね〔旨〕(名词)　宗旨
6. あいいれない〔相容れない〕(形)　不相容
7. ゆうしいちどう〔有志一同〕(名词)　一帮有志者
8. TBS テレビ (名词)　TBS 电视台
9. あかさか〔赤坂〕(地名)　赤坂
10. わき〔脇〕(名词)　旁边
11. はりがみ〔張り紙〕(名词)　贴纸
12. ずらり (副词)　一大片

13. ゆれる〔揺れる〕 摇晃、不稳定
14. みきたにひろふみ〔三木谷浩史〕（人名） 三木谷浩史
15. ほゆう〔保有〕（名・自サ） 保有、拥有
16. ひっとうかぶぬし〔筆頭株主〕（名词） 第一大股东
17. トップ（名词） 老大、最大
18. さんか〔傘下〕（名词） 系统下，旗帜下，隶属下
19. らくてんしょうけん〔楽天証券〕（名词） 乐天证券
20. クレジットカード（名词） 信用卡
21. 楽天ＫＣ（名词） （公司名）乐天 KC
22. ぜんうりあげだか〔全売上高〕（名词） 总营业额
23. くちをはさむ〔口を挟む〕 指手画脚、指点
24. たんぽ〔担保〕（名・他サ） 担保
25. しちょうしゃ〔視聴者〕（名词） 观众、收看人
26. はいりょ〔配慮〕（名・他サ） 关照、关怀
27. インサイダー（名词） 内部交易
28. ふりかかる〔降りかかる〕（自一） 飞到、落到（身上）
29. すがやさだひこ〔菅谷定彦〕（人名） 菅谷定彦
30. ふさわしい〔相応しい〕（形） 与……相应的
31. そなえる〔備える〕（他一） 防备、配置
32. いちれん〔一連〕（名词） 一些、一系列
33. うちさちちょう〔内幸町〕（地名） 内幸町
34. シンポジウム（名词） 研讨会
35. しみずひでお〔清水英夫〕（人名） 清水英夫
36. フジテレビ（名词） 富士电视台
37. はっくつ〔発掘〕（名・他サ） 发掘
38. ねつぞう〔捏造〕（名・他サ） 捏造
39. ふじや〔不二家〕（公司名） 不二家（糕点公司）
40. みのもんたのあさズバッ〔みのもんたの朝ズバッ〕
御法男的早间新闻
41. げんじゅう〔厳重〕（形动） 严重

42. つく〔突く〕(他五)　　　　　　冒、冲
43. かいつけ〔買い付け〕(名词)　　　　采购
44. コンプライアンス(名词)　　　　　守法
45. ときわだい〔常盤大〕(名词)　　　常盘大学
46. たはらしえゆき〔田原茂行〕(人名)　田原茂行
47. へんちょう〔偏重〕(名・他サ)　　　偏重

二、文型

1. ～のは～だ

前项叙述听话人已知的或可预测的事，后项叙述听话人不知道的新事情。

△　懸念しているのは放送の公共性が揺れるかないかという点だ。

△　このことをわたしに教えてくれたのは山田さんです。

△　ここに通うようになったのは、去年の3月からです。

2. ～でもある

表示追加的断定。/也是……。

△　三木谷社長は創業者で筆頭株主、さらに経営トップでもあり、影響力は極めて大きい。

△　田中先生は大学の教授であり、会社の社長でもある。

△　ケリーさんは二重国籍を有し、タイ人であり、マレーシア人でもある。

3. ～から見れば

表示做出后项判断的根据。/从……看来……。根据……来看……。

△　楽天幹部は「TBSの報道に口を挟むことはないし、放送の公共性を担保するやり方はいくらでもある」と強調するが、他のテレビ局からも、「視聴者から見れば、大株主に配慮した報道ではないかと疑いを持たれる。

△　発音の面だけから見れば、日本語はあまり難しくはない。

△　歩き方から見ると、山田さんはかなり疲れているみたいだ。

4. ～気になる

表示心情向相反方面的变化。/有心思……。愿意……。

△　視聴者はTBSの企業防衛を応援する気にならない。

△　こんな暑さでは誰も仕事をするきになれない。

△　もうこの年になると、飛んだり跳ねたりする気にはならないんですよ。

5.　～ばかりではなく……も……

本句型表示“不仅仅……”。“不但……而且……”，之意。

△　放送の公共性問題、答えを出さなければならないのは、楽天ばかりではない。

△　父はどのぐらい金を持っているか八千代ばかりでなく、世間にもわかっていないようだ。

△　その言葉は母に対する言い訳ばかりでなく、自分の心に対する言い訳でもあった。

三、文章理解のポイント

1.　放送局を運営している企業は、どうすべきですか。
2.　放送の利益を優先する結果はどうなりますか。
3.　放送の公共性の重要性は何ですか。
4.　清水英夫教授はどうしてテレビ業界をきびしく批判したのですか。批判の内容は何ですか。
5.　放送の公共性の問題について、どんな答えを出さなければならないのですか。自分の見方を話しなさい。

第十四課　滞る受け入れ、都市部でも 救急患者は急増、病院は減少

第一部　ほころびる制度④

五月中旬の深夜、埼玉県越谷市消防本部に救急搬送を求める電話が入った。自宅で転倒し脚を骨折した七十歳代の男性宅に救急車が急行。救急隊長の鈴木明人（46）は手術や入院が可能な二次救急の輪番病院に受け入れを求めたが、「皮膚科医が当直で対応できない」と断られた。

救急病院を探して次々に電話をかけたが、県内では見つからず、東京、千葉にも当たる。十八件目に千葉県野田市の病院が受けいれた。搬送したのは通報から一時間四十五分後だった。鈴木は「救急隊長の仕事の多くが病院探しで、患者の処置など本来の業務ができない」と語る。

3回以上1万四千件

背景には救急患者を受け入れる医療機関の減少がある。県内の二次救急医療機関は五年間で二十八施設減って現在百九十五施設。この間、搬送患者は高齢化などの影響で約7%増えており、一施設あたりの患者数は確実に増している。診療科の廃止や救急医療体制のほころびは地方の問題ではなくなりつつある。大都市周辺でも少数の医師で地域の医療を支えてきた病院が、出産の取り扱いをやめ、救急車受け入れを相次ぎ休止。すると妊婦や患者が周辺の病院に集中、医師の負担が増し、耐え切れずにやめる“負の連鎖”となっている。

今年三月、総務省消防庁が公表した2007年の全国の救急搬送の実態調査は、危うい救急医療体制の現実を浮き彫りにした。約41万件の重症患者のうち、三回以上断られたケースが約14000千件、十回以上も千七百四件に上った。三回以上断られた割合が高かったのは、奈良、

東京、大阪、埼玉、千葉の順で、首都圏と近畿圏で目立つ。

医療機関と消防本部をオンラインで結ぶ「救急医療情報システム」が近年、都道府県単位で整備されている。対応できる医師の診療科やベッドの空き状況などを医療機関が申告し、その情報を基に搬送先を探す。しかし、消防庁の調査では、情報をリアルタイムで更新している医療機関はわずか11%で、消防本部の過半数が信頼性の低さを理由に活用していなかった。

神奈川県には産科救急の受け入れ先を組織的に探す仕組みがある。県内を六つのブロックに分け、それぞれに基幹病院、中核病院などを指定しているが、運用は必ずしも円滑でない。藤沢市の宮川医院院長、宮川智幸（50）は五月初め、受け持っていた妊婦が早産しそうになり、中核病院の公立病院に受け入れを求めたが、「基幹病院が探す決まりで、開業医からの直接要請は受けいられない」。基幹病院の大学病院に連絡すると「今から緊急手術なので時間がない」と別の基幹病院に頼むよう指示された。

この病院の紹介で茅ケ崎市立病院に搬送したのは約一時間後。着いて十分後に産まれた。「もう少し遅れていたら、未熟児が救急車の中で生まれる危険な事態となっていた。特に公立病院の医師は夜間当直を含めた長時間勤務で疲弊しており、断る理由も理解できる」と話す。

訴訟リスクも念頭

奈良県橿原（かしはら）市で昨年八月、救急搬送先で次々断られ死産した問題では、妊婦は母子手帳を持っていなかった。検診データがないと医療機関も受け入れにくく、「救急車漂流」の背景をより複雑にしている。

二次救急の輪番病院には一日 7 万～9 万円が市町村の一般財源から支払われるが、「救急患者を受け入れるには、医師や看護師、放射線技師らを二十四時間体制で待機させる必要があり、とても見合わない」と埼玉県内の自治体病院幹部、木下幹雄（仮名、51）。「少ない人数で訴訟リスクの大きい重症患者を治療することや治療後の受け入れ先を見つからない高齢の救急患者が増えていることも受け入れを渋らせている」

木下の病院では、2004 年に二十一人だった常勤医が現在十三人。整形外科医と耳鼻科医はいなくなった。日勤の後当直し、さらに翌日も日勤をする「三十六時間勤務」も珍しくない。「疲れが取れず、確かな指示を出しているか不安になることがある」という木下は来月退職し開業する。不足が叫ばれる勤務医がまた一人現場を去る。

〔日本経済新聞 2008 年 5 月 26 日〕

一、単語

1. とどこおる〔滞る〕（自五）　停滞
2. ほころびる〔綻びる〕（自一）　破灭、破产
3. さいたまけん〔埼玉県〕（地名）　埼玉县
4. こしがやし〔越谷市〕（地名）　越谷市
5. きゅうきゅうはんそう〔救急搬送〕（名词）　急救运送
6. てんとう〔転倒〕（名・自サ）　跌倒
7. こっせつ〔骨折〕（名・自サ）　骨折
8. すずきあきひと〔鈴木明人〕（人名）　铃木明人
9. にじきゅうきゅう〔二次救急〕（名词）　二次急救
10. りんばんびょういん〔輪番病院〕（名词）　（轮换）值日医院
11. とうちょく〔当直〕（名词）　当班
12. ことわる〔断る〕（他五）　拒绝
13. しょち〔処置〕（名・他サ）　处置、处理
14. しせつ〔施設〕（名词）　设施
15. はいし〔廃止〕（名・他サ）　废止
16. しゅっさん〔出産〕（名・他サ）　出产、生产
17. にんぷ〔妊婦〕（名词）　孕妇
18. たえきれる〔耐え切れる〕（他一）　能忍受
19. ふ〔負〕（名词）　负、负数
20. れんさ〔連鎖〕（名词）　连锁

21. あやうい〔危うい〕(形)　危险
22. うきぼり〔浮き彫り〕(名词)　显现
23. じゅうしょうかんじゃ〔重症患者〕(名词)　危重病人
24. わりあい〔割合〕(名词)　比例、比率
25. きんきけん〔近畿圏〕(名词)　近畿地方(大阪一带)
26. オンライン(名词)　联网
27. しんこく〔申告〕(名・他サ)　申报
28. リアルタイム(名词)　实时处理、即时处理
29. こうしん〔更新〕(名・他サ)　更新
30. わずか(副词)　仅少、一点
31. ブロック(名词)　区域
32. きかんびょういん〔基幹病院〕(名词)　基础医院
33. ちゅうかくびょういん〔中核病院〕(名词)　中心医院
34. えんかつ〔円滑〕(名词)　圆滑、顺利
35. ふじさわし〔藤沢市〕(地名)　藤泽市
36. みやかわともさち〔宮川智幸〕(人名)　宫川智幸
37. うけもつ〔受け持つ〕(他五)　拥有、持有
38. ちがさきし〔茅ヶ崎市〕(地名)　茅崎市
39. うむ〔産む〕(他五)　生、生产
40. みじゅくじ〔未熟児〕(名词)　未熟婴儿
41. ひへい〔疲弊〕(名词)　疲惫、劳累
42. リスク(名词)　风险
43. ねんとう〔念頭〕(名词)　念头、心上
44. かしはらし〔橿原市〕(地名)　橿原市
45. しざん〔死産〕(名词)　死产
46. けんしんデータ〔検診データ〕(名词)　检查数据
47. ひょうりゅう〔漂流〕(名・他サ)　漂流
48. たいき〔待機〕(名・他サ)　待机

49. みあう〔見合う〕（自五）　相称、相抵平衡
50. きしたみきお〔木下幹雄〕（人名）　木下干雄
51. しぶる〔渋る〕（自・他五）　发皱、不痛快
52. じょうきんい〔常勤医〕（名词）　正式医生
53. にっきん〔日勤〕（名词）　白天班
54. せいけいげかい〔整形外科医〕（名词）　整形外科医生
55. じびかい〔耳鼻科医〕（名词）　耳鼻科医生
56. たいしょく〔退職〕（名・自サ）　离职、辞职
57. かいぎょう〔開業〕（名・他サ）　开业
58. きんむい〔勤務医〕（名词）　现职医生
59. さる〔去る〕（自五）　离开、离去

二、文型

1. ～动词连用形つつある

①接继续动词后，表示某动作持续进行。用于书面。/正在……。

△ 診療科の廃止や救急医療体制のほころびは地方の問題ではなくなりつつある。

△ 国民の生活は向上しつつある。

△ 休みが増え、社員食堂ができ、職場の環境は改善されつつある。

②接瞬间动词后，表示情况正在向某方向发展。

△ 彼はいま自分が死につつあることを意識していた。

△ 若い人が都会へ出て行くため、五百年の伝統のある祭りの火がいまや消えつつある。

△ 私は沈みつつある夕日を眺めながら、コーヒーをゆっくり飲んでいる。

2. ～ずに

接动词未然形（サ变动词せ）后，表示否定，书面语多用。有时用

“ずに”，与口语的“ないで”用法相同。/“不……”。“没……”。“不……而”。

△　大都市周辺でも少数の医師で地域の医療を支えてきた病院が、出産の取り扱いをやめ、救急車受け入れを相次ぎ休止。すると妊婦や患者が周辺の病院に集中、医師の負担が増し、耐え切れずにやめる“負の連鎖”となっている。

△　何も食わずに寝ている。

△　一に苦しみを恐れず、二に死を恐れない。

3.　～かならずしも……ない

表示某种判断、断定不能成立。/不一定……。未必……

△　県内を六つのブロックに分け、それぞれに基幹病院、中核病院などを指定しているが、運用は必ずしも円滑でない。

△　値段の高いものは必ずしも品がいいとは限りません。

△　成績のいい生徒は必ずしも頭がいいとは言えない。

4.　～（样能助动词）そうだ

①接动词连用形下，表示即将发生的眼前现象。/眼看就要……。几乎要……。好像……。

△　藤沢市の宮川医院院長、宮川智幸（50）は五月初め、受け持っていた妊婦が早産しそうになり、中核病院の公立病院に受け入れを求めたが、「基幹病院が探す決まりで、開業医からの直接要請は受けいられない」。

△　ほら、教壇のチョークが落ちそうだ。

△　雨が降りそうだから、この傘を持って出かけなさい。

②接形容词、形容动词或状态动词时，表示眼前的事物给人的感觉。/好像……。

△　田中さんはうれしそうにニコニコ笑っている。

△　始めは勝ちそうになったが、やはり負けてしまった。

△　子供が泣き出しそうな顔付で、おもちゃを強請っている。

5.　～からの

接续：体言＋からの＋体言

意义：格助词"から"表示动作、作用的起源。格助词"の"和"から"重叠，构成连体修饰语。/"从（地方）……（来）的……"。

△　藤沢市の宮川医院院長、宮川智幸（50）は五月初め、受け持っていた妊婦が早産しそうになり、中核病院の公立病院に受け入れを求めたが、「基幹病院が探す決まりで、開業医からの直接要請は受けいられない」。

△　兄からの手紙はさっき着いた。

△　これは友達からの贈り物だ。

6.　～となる

表示最终的变化或转变的结果，着重点在结果。/变为……。成为……。

△　もう少し遅れていたら、未熟児が救急車の中で生まれる危険な事態となっていた。

△　雨は夜に入って雪となった。

△　この戦争は最終的には悲劇的な結末となった。

7.　～ように

接体言の、用言和部分助动词连体形后面。

表示要求、愿望和目的。ようだ的词干よう的独立性很强，有时词干后面直接接一些词语。

△　基幹病院の大学病院に連絡すると「今から緊急手術なので時間がない」と別の基幹病院に頼むよう指示された。

△　一日も早くマスターするよう努める。

△　早く家に帰りますように。

8.　～を去る（「を」表示移动的场所）

表示动作移动或经过的场所，「を」后面的动词为移动性动词。

△　不足が叫ばれる勤務医がまた一人現場を去る。

△　日本では、人は道の右側を歩き、自動車は道の左側を走ります。

△　夏休みには、北海道や九州を旅行してきました。

三、文章理解のポイント

1. 現在、日本の医療機関の状況についてまとめなさい。
2. 重症患者はなぜ何回も断られましたか。
3. 救急患者を受け入れるために、何を必要としますか。
4. 基幹病院と中核病院の意味はそれぞれ何ですか。
5. 木下の病院を例にして、その医療と医者の状況はどうですか。

第十五课　自衛隊派遣

<イラク自衛隊>米兵輸送は違憲　差し止め却下　名古屋高裁

イラクへの自衛隊派遣は違憲だとして、全国の市民が国を相手取り、派遣の差し止めと違憲確認、原告1人当たり1万円の損害賠償を求めた訴訟の控訴審判決が17日、名古屋高裁であった。青山邦夫裁判長（高田健一裁判長代読）は、米兵の輸送などを行っている航空自衛隊の活動について「武力行使を禁じた憲法9条1項に反する」と述べ、違憲と認定した。

原告が求めた損害賠償の支払いなどは退けた。全国の同種の訴訟で、航空自衛隊の活動を違憲と認定したのは同高裁が初めて。

原告団は2004～2006年にかけ、7次にわたって3268人が集団提訴した。政府が2004年、イラク復興特別措置法に基づきイラクに自衛隊を派遣したのは憲法9条に違反し、憲法が保障した「平和的生存権」を侵害したと主張してきた。国は「平和的生存権は抽象的な概念で、憲法に基づく具体的な権利ではない」と反論。差し止めと違憲確認の請求を却下し、損害賠償請求を棄却した1審判決に対し、原告のうち1122人が控訴していた。

弁護団によると、イラク派遣では、全国の11地裁で12の集団訴訟が起こされたが、これまでに出た判決はいずれも原告側の訴えを退けている。【秋山信一】

〔毎日新聞2008年4月17日〕

【関連】

自衛隊イラク派遣に違憲判断＝米兵空輸「他国の武力行使と一体」－名古屋高裁

自衛隊のイラク派遣は違憲として、愛知県の弁護士と全国の住民らが国を相手に、派遣差し止めと慰謝料などを求めた訴訟の控訴審判決が17日、名古屋高裁であり、青山邦夫裁判長（高田健一裁判長代読）は「米兵らを空輸した航空自衛隊の活動は（戦争放棄を規定した）憲法9条1項に違反するものを含んでいる」と指摘、憲法違反に当たるとの判断を示した。派遣差し止めと慰謝料請求の訴えは棄却した。

自衛隊イラク派遣をめぐる同様訴訟は全国で起こされているが、違憲判断は初めて。一審名古屋地裁判決は訴えを退け、憲法判断をしていなかった。

原告側弁護士によると、9条違反を認めたのは1973年の札幌地裁・長沼ナイキ基地訴訟判決以来35年ぶり、高裁では初という。

青山裁判長は、航空自衛隊が2006年7月以降、米国の要請を受け、クウェートからイラクのバグダッド空港に多国籍軍の兵士を輸送している点について「現代戦において輸送などの補給活動は重要で、多国籍軍の戦闘行為にとって必要不可欠な軍事上の後方支援に当たる」と指摘。その上で「他国による武力行使と一体化した行動との評価を受けざるを得ず、違憲に該当する」と述べた。

〔朝日新聞2008年4月25日〕

一、単語

1. じえいたいはけん〔自衛隊派遣〕（名词）　派遣自卫队
2. いけん〔違憲〕（名词）　违反宪法
3. あいてどり〔相手取り〕（名词）　争执
4. さしとめる〔差し止める〕（他一）　阻止，不许
5. そんがいばいしょう〔損害賠償〕（名词）　损害赔偿
6. そしょう〔訴訟〕（名词）　诉讼
7. こうそしんぱんけつ〔控訴審判決〕（名词）　诉讼判决

8. あおやまくにお〔青山邦夫〕(人名)　　青山邦夫
9. さいばんちょう〔裁判長〕(名词)　　审判长
10. たかたけんいち〔高田健一〕(人名)　　高天健一
11. だいどく〔代読〕(名词)　　代读
12. きんじる〔禁じる〕(他サ)　　不准，控制
13. のける〔退ける〕(他一)　　推开，除掉
14. ていそ〔提訴〕(名词)　　提起诉讼
15. ほしょう〔保障〕(名词)　　保障
16. せいぞんけん〔生存権〕(名词)　　生存权
17. ちゅうしょうてき〔抽象的〕(形動)　　抽象的
18. がいねん〔概念〕(名词)　　概念
19. はんろん〔反論〕(名词)　　反驳
20. せいきゅう〔請求〕(名词)　　请求
21. きゃっか〔却下〕(名词)　　驳回，不受理
22. ききゃく〔棄却〕(名词)　　不采纳，驳回
23. べんごだん〔弁護団〕(名词)　　辩护团
24. ちさい〔地裁〕(名词)　　地方法院
25. いしゃりょう〔慰謝料〕(名词)　　赔偿费
26. うったえ〔訴え〕(名词)　　诉讼，起诉
27. めぐる〔巡る〕(自五)　　围绕，旋转
28. さっぽろ〔札幌〕(地名)　　札幌
29. ながぬまナイキ〔長沼ナイキ〕(地名)　　长沼
30. クウエート(国名)　　科威特
31. バグダッド(地名)　　巴格达
32. たこくせきぐん〔多国籍軍〕(名词)　　多国部队
33. せんとうこうい〔戦闘行為〕(名词)　　战斗行动
34. ふかけつ〔不可欠〕(名词)　　不可缺少
35. がいとう〔該当〕(名词)　　符合，适当

二、文型

1. ～あたり

接数量词之后表示平均分配的基数。/每……。平均……。

△ イラクへの自衛隊派遣は違憲だとして、全国の市民が国を相手取り、派遣の差し止めと違憲確認、原告1人当たり1万円の損害賠償を求めた訴訟の控訴審判決が17日、名古屋高裁であった。

△ 五日間で5万もらったから、一日あたり1万円になります。

△ 日本語では、百字あたり23字の漢字が使われているという。

2. ～に反する

表示后项的结果与前项的预料、想象、期待相反，形成对比、对照的关系。/与……相反……。

△ 青山邦夫裁判長（高田健一裁判長代読）は、米兵の輸送などを行っている航空自衛隊の活動について「武力行使を禁じた憲法9条1項に反する」と述べ、違憲と認定した。

△ 予想に反して、今年の試験はそれほど難しくはない。

△ 周囲の期待に反して、彼らは結局しなかった。

3. ～から～にかけ（て）

表示时间、空间、数量等的起止点。/从……到……。

△ 原告団は2004年から2006年にかけ、7次にわたって3268人が集団提訴した。

△ 私は今月の中旬から来月初めにかけて休暇をとるつもりだ。

△ 朝、電車が一番混むのは7時間から8時にかけてです。

4. ～に違反する

违反，违犯。

△ 政府が2004年、イラク復興特別措置法に基づきイラクに自衛隊を派遣したのは憲法9条に違反し、憲法が保障した「平和的生存権」を侵害したと主張してきた。

△ あの会社はいつも契約に違反する。

△ 規則に違反する。

5.　～によると～という

「～によると」表示消息、或信息的来源或出处。后面经常与表示传闻的「という」、「そうだ」呼应。/据说……。听说……。

△　原告側弁護士によると、9条違反を認めたのは1973年の札幌地裁・長沼ナイキ基地訴訟判決以来35年ぶり、高裁では初という。

△　天気予報によると、今日は夕方から雨になるという。

△　経済専門家によると、円高傾向は今後も続くという。

6.　接尾語「ぶり（に)」～

接时间数词、副词。表示经过了一段时间后，又出现了原来的状态或行为。有觉得时间很长的语感。/隔了……之后又……。

△　原告側弁護士によると、9条違反を認めたのは1973年の札幌地裁・長沼ナイキ基地訴訟判決以来35年ぶり、高裁では初という。

△　三日ぶりに意識を回復しました。

△　これは十年ぶりの暑さです。

7.　～に当たる

①担任，承担，负责。

△　青山裁判長は、航空自衛隊が2006年7月以降、米国の要請を受け、クウェートからイラクのバグダッド空港に多国籍軍の兵士を輸送している点について「現代戦において輸送などの補給活動は重要で、多国籍軍の戦闘行為にとって必要不可欠な軍事上の後方支援に当たる」と指摘。

△　消防隊員たちは消化に当たった。

△　事故の後始末に当たる。

②碰上，撞上，命中。

△　ボールが窓に当たる。

△　矢は熊の足に当たった。

③逐及。

△　髪の毛が目に当たる。

△　弘は裕子に当たった。

④相当于，等于是。

△　彼女は私の叔母に当たる。

△　今日は父の命日に当たる。

三、文章理解のポイント

1. イラク自衛隊米軍輸送は憲法のどの内容に違反しましたか。
2. 原告は誰ですか、訴訟の内容について述べなさい。
3. 日本全国がどれほど訴訟が起こされたのですか。
4. これまでに出た判決の状況はどうでしたか。
5. 名古屋高裁の判決はどうでしたか。

第十六課　迷惑メール、法改正で送信全面禁止　海外発規制へ諸外国の協力カギ

相手側が要求していないのに一方的に送り付けてくる出会い系サイトなどの広告メール。特定商取引法と迷惑メール防止法で規制される。ほとんどの事業者が、メールの表題部に「未承諾広告※」の表示をしないなど違法な状態で送信を繰り返しているが、発信元の特定が困難である上、国内での流通数も把握できていないのが現状という。

パソコンや携帯電話に舞い込む、差出人不明の怪しげなメール。いわゆる「迷惑メール」が法改正によって、今後は事前同意がない限り、送信が全面禁止され、罰金の上限も現行の 30 倍と厳しくなる。ただ、迷惑メールは海外発が多く、本当に効果を上げられるかは、諸外国の協力にかかっているともいえそうだ。（社会部　水沼啓子）

総務省がこのほど国会に提出した「特定電子メール送信適正化法（迷惑メール法）」の改正案は今国会で成立し、平成 20 年中にも施行される見通し。

迷惑メール法は、大量に送信される出会い系サイトの宣伝メールが問題となったのを受け、14 年に施行された。

警察庁によると、19 年中に携帯電話などの出会い系サイトを通じて犯罪被害にあった 18 歳未満の青少年は 1100 人に上るなど、出会い系サイトは社会問題にもなり、厳しい規制が求められている。

現行は受信拒否の連絡が来た場合のみ送信を禁止する方式（オプトアウト）だが、今回の改正で、欧米など多くの国が採用している、事前に同意した相手にのみ送信が可能となる方式（オプトイン）が導入され、迷惑メールの送信がしづらくなる。

迷惑メール法の改正は、今回で２度目となるが、前回の17年の改正では、送信者の情報を偽った迷惑メールの場合、発信者に直接刑事罰を科せられるようになったが、発信者を特定することは難しく、これまで摘発されたのはわずかに４件のみ。事実上、迷惑メールは野放しだ。

新たな改正法では、総務省が開設している「迷惑メール相談センター」（http://www.dekyo.or.jp/soudan）に寄せられた受信者からの情報などをもとに、悪質な場合、ネット接続業者などが送信サービスを拒否したり、総務相がメールアドレスなどの契約者情報を電気通信事業者に求めることもでき、現在よりは踏み込んだ対応が可能になる。悪質な業者に対する罰金の上限も、現行の100万円以下から3000万円以下に引き上げられ、罰則も強化される。

パソコン向けの迷惑メールの場合は、違反しても規制の手が届きにくい、中国やフィリピンといった国外からのものが多くを占めるが、今回の改正で海外発も規制の対象となることを明確化する。当該国の当局に迷惑メールの送信者の情報を提供し、取り締まりを求めることもできるようになる。

総務省は「犯罪の端緒となる出会い系サイトなどの迷惑メールを減らすことで、犯罪防止効果は期待できるのでは。海外での連携も強化していきたい」としており、今後は迷惑メール担当の政府関係者らが集まる国際会議などを通して協力を求め、海外発の迷惑メールを減らす方針だ。

〔産経新聞2008年4月18日〕

一、単語

1. であいけいサイト〔出会い系サイト〕（名词）　約会平台
2. メール（名词）　邮件，短信
3. とりひきほう〔取引法〕（名词）　取缔法
4. めいわくメール〔迷惑メール〕（名词）　骚扰邮件、短信
5. ひょうだいぶ〔表題部〕（名词）　标题部
6. みしょうだく（未承諾）（名词）　未承诺

7. はっしんげん〔発信源〕（名词） 发信、发报源头
8. まいこむ〔舞い込む〕（自五） 闯进来
9. さしだしにん〔差出人〕（名词） 发信人，寄件人
10. いわゆる 所谓，所说
11. あやしい〔怪しい〕（形） 奇怪，可疑
12. ばっきん〔罰金〕（名词） 罚金
13. じょうげん〔上限〕（名词） 上限
14. みずぬまけいこ〔水沼啓子〕（人名） 水沼启子
15. イメージ 形象
16. どうにゅうご〔導入後〕（名词） 引入后，导入后
17. みとおし〔見通し〕（名词） 预料，推测
18. はんざいひがい〔犯罪被害〕（名词） 受害
19. いつわる〔偽る〕（他五） 说谎，欺骗
20. けいじばつ〔刑事罰〕（名词） 刑事处罚
21. てきはつ〔摘発〕（名词） 揭发，揭露
22. のばなし〔野放し〕（名词） 放任自流
23. あくしつ〔悪質〕（人名） 性质恶劣
24. ネット（名词） 网络
25. アドレス（名词） 网址
26. けいやくしゃ〔契約者〕（名词） 契约人，合同人
27. じょうほう〔情報〕（名词） 情报
28. ふみこむ〔踏み込む〕（　） 陷入，跨入
29. ひきあげる〔引き上げる〕 吊起，提高
30. ばっそく〔罰則〕（名词） 惩罚条例
31. きせい〔規制〕（名词） 规定，限制
32. とうがいこく〔当該国〕（名词） 该国
33. とうきょく〔当局〕（名词） 当局
34. とりしまり〔取締り〕（名词） 管理，约束
35. たんしょ〔端緒〕（名词） 头绪，线索
36. たんとう〔担当〕（名词） 担任，担当

二、文型

1. ～上

接体言の、用言连体形。表示追加、补充同类的内容。/既……又……。……再加上……。

△ 発信元の特定が困難である上、国内での流通数も把握できていないのが現状という。

△ 夕べ道に迷った上、雨にも降られて、たいへんでした。

△ この八百屋の野菜は新鮮な上、値段も安い。

2. ～ない限り

表示后项的成立限定在某种条件范围之内。/只要不……就……。除非……否则……。

△ 今後は事前同意がない限り、送信が全面禁止され、罰金の上限も現行の30倍と厳しくなる。

△ 先生が許可しない限り、この部屋にはは入れません。

△ 雨が降らない限り、明日の運動会は決行します。

3. ～づらい

「づらい」接动词连用形。表示由于肉体或精神方面的原因引起的不良感觉。只能接意志动词。/难……。不好……。

△ 迷惑メールの送信がしづらくなる。

△ 砂利が多くて、歩きづらい。

△ のどが腫れているので、話しづらいです。

4. ～に寄せる

①投寄，寄送。

△ 「迷惑メール相談センター」に寄せられた受信者からの情報などをもとに、悪質な場合、ネット接続業者などが送信サービスを拒否したり、総務相がメールアドレスなどの契約者情報を電気通信事業者に求めることもでき、現在よりは踏み込んだ対応が可能になる。

△ ご意見を番組に寄せてください。

△ 学長に要望を寄せる。

②使靠近，接近，凑近。

△　彼は車を道路の端に寄せる。

△　母親は子供の頬に自分の頬を寄せる。

△　柱に身を寄せる。

③召集，叫到一起。

△　店員が大声を出して、客を寄せる。

△　先生は学生たちを教室の前の方に寄せる。

△　頭を寄せて相談する。

5.　～をもとに

表示前项是后项行为的依据或参考。/以……为依据……。以……为基础……。

△　受信者からの情報などをもとに、悪質な場合、ネット接続業者などが送信サービスを拒否したり、総務相がメールアドレスなどの契約者情報を電気通信事業者に求めることもでき、現在よりは踏み込んだ対応が可能になる。

△　この案は住民の意見をもとにして作成したものです。

△　この小説は実際の事件をもとに書いたのです。

6.　～にくい

接动词连用形。「にくい」在这里是接尾词，表示动作难以进行。/难以……。不易……。

△　違反しても規制の手が届きにくい、中国やフィリピンといった国外からのものが多くを占めるが、今回の改正で海外発も規制の対象となることを明確化する。

△　このペンは使いにくいです。

△　この薬は飲みにくいです。

7.　接续助词「のに」の使い方：

表示既定的逆接条件，往往带有意外、埋怨、不满等语气。/虽然……但是……。尽管……却……。

△　相手側が要求していないのに一方的に送り付けてくる出会い系サイトなどの広告メール。

△　もう2時間も待っているのに、お医者さんがまだ来ない。

△　今日は日曜日なのに会社に行くんですか。

8.　接尾语「げ」の使い方：

结尾词，接在体言、形容词的词干下面，表示由外部的观察而感觉到的表情、样子情形迹象。

△　パソコンや携帯電話に舞い込む、差出人不明の怪しげなメール。

△　大人げがない。

△　悲しげに泣いている。

9.　副助词「のみ」の使い方：

接体言、用言连体形。表示各种内容、范围的限定。/只是……。只有……。

△　連絡が来た場合のみ送信を禁止する方式（オプトアウト）だが、今回の改正で、欧米など多くの国が採用している、事前に同意した相手にのみ送信が可能となる方式（オプトイン）が導入され、迷惑メールの送信がしづらくなる。

△　用意は全部できた。あとは決行するのみだ。

△　少し血が出たのみで、大怪我にはならずに終わった。

10.　格助词「より」の使い方：

①表示地点和时间的起点。等于「から」。/从……。由……。

△　現在よりは踏み込んだ対応が可能になる。

△　新上海駅より出発する。

△　サマータイムは来月より実施される。

②表示比较的基准。/比，比较。

△　富士山より高い。

△　妹は私より三つ若い。

11.　补助动词「ていく」の使い方：

表示动作、状态的发展趋势。多指从现在到将来。/下去……。去……。

△　海外での連携も強化していきたい。

△　結婚してからも、仕事を続けていくつもりです。

△　これから、天気はだんだん寒くなっていく。

12. 助动词「たい」

接动词连用形。表示第一人称理性、本能的愿望。/想……。想要……。

△　海外での連携も強化していきたい。

△　冷たいビールが飲みたいなあ。

△　その町には苦い思い出があって、二度と行きたくはない。

三、文章理解のポイント

1. 迷惑メールとは何ですか。
2. 迷惑メール法は何ですか、新たな改正法はどんな内容です。
3. 日本国内だけでなく、海外での連携が大切ですが、どのようにして海外の連携を求めますか。
4. 「現行の方式」と「導入後の方式」とは何ですか。
5. 平成19年中に、犯罪被害にあった18歳未満の青少年は何ですか。

第十七課　アナログ放送の終了計画案

テレビの地上放送は平成 23 年 7 月 24 日に完全デジタル化されますが、ＮＨＫなど放送事業者と総務省は、今のアナログ放送の番組を平成 23 年 7 月 1 日から 24 日までの間のいずれかの時期に終了させるなどとした計画案を明らかにしました。

ＮＨＫと民放各社それに総務省は、テレビの地上放送の完全デジタル化に伴い、今のアナログ放送の終了に向けた手順などをまとめた計画案を作成し、25 日に開かれた情報通信審議会の地上デジタル放送推進検討委員会に提示しました。それによりますと、アナログ放送を終了させるにあたっては、視聴者の混乱を防止する観点から、地域によって時期に差を設けることはせず、全国一斉に終了させるとしています。そのうえで、地上放送が完全デジタル化される平成 23 年 7 月 24 日までを 4 つの期間に分け、それぞれの段階に応じてアナログ放送の終了を視聴者に周知する取り組みを行うとしています。このうち、▽完全デジタル化の 3 年前に当たる今年 7 月 24 日には、ＮＨＫと民放各社がアナログ放送終了までのスケジュールを視聴者にわかりやすく伝えるキャンペーンを行うとともに、この日からアナログ放送の終了時期を明示した「お知らせ画面」や文字スーパーを開始する。そして、▽アナログ放送の番組はデジタル化に完全移行する直前の平成 23 年 7 月 1 日から 24 日までの間のいずれかの時期に終わらせ、アナログチャンネルではこれ以降「お知らせ画面」だけを送信するなどとしています。これについて、検討委員会の出席者からは「視覚障害者にもわかるよう画面やスーパーだけでなく音声による周知も検討すべきだ」とか「アナログテレビを購入する人には、そのテレビは完全デジタル化されたら受信できなくなるということをより明確に伝えるべきだ」といった意見が出されました。また、増田総務大臣は、閣議のあとの記者会見で、地上デジタル対応機器の購入が困難な所得の低い人たちへの支援策を早急に取りまとめ、公表したいという考えを示しました。

〔読売新聞 2008 年 4 月 20 日〕

一、単語

1. デジタルか〔デジタル化〕（名词） 数字化
2. NHK（专名） 日本广播电视总局
3. アナログ（名词） 模拟式
4. けいかくあん〔計画案〕（名词） 计划案
5. みんぽうかくしゃ〔民放各社〕（名词） 各民营电视台
6. ともなう〔伴う〕（自他五） 带，伴随
7. てじゅん〔手順〕（名词） 次序，程序
8. さくせい〔作成〕（名词） 写成，作
9. すいしんけんとう〔推進検討〕（名词） 研究如何推动
10. しちょうしゃ〔視聴者〕（名词） 视听者
11. こんらん〔混乱〕（名词） 混乱
12. ぼうし〔防止〕（名词） 防止
13. スケジュール（名词） 日程
14. キャンペーン（名词） 宣传活动
15. スーパー（名词） 超级
16. チャンネル（名词） 频道
17. しかくしょうがいしゃ〔視覚障害者〕（名词） 视觉障碍
18. こうにゅう〔購入〕（名词） 买入
19. ますだそうむだいじん〔増田総務大臣〕（专名） 増田总务大臣
20. かくぎ〔閣議〕（名词） 内阁会议
21. きしゃかいけん〔記者会見〕（名词） 记者招待会
22. しょとく〔所得〕（名词） 所得

23. さっきゅう〔早急〕（名词）　紧急，火急
24. とりまとめる〔取りまとめる〕（他一）　汇总，收拾
25. こうひょう〔公表〕（名词）　公布

二、文型

1. ～を形容动词にする

本句型用于因主语的意志性动作、作用而引起事物发生变化的场合。也可以说构成一种他动性词组。/把……弄（成什么样子）。

△ ＮＨＫなど放送事業者と総務省は、今のアナログ放送の番組を平成23年7月1日から24日までの間のいずれかの時期に終了させるなどとした計画案を明らかにしました。

△ 教室をきれいにします。

△ カメラを大切にしてください。

2. ～にあたっては

表示处于某一场合、地点、立场。/在……之中；处于……。

△ アナログ放送を終了させるにあたっては、視聴者の混乱を防止する観点から、地域によって時期に差を設けることはせず、全国一斉に終了させるとしています。

△ 仕事中に当たっては、一刻も油断はできない。

△ 逆境にあたっても、望みを捨てない。

3. ～としている

接句子。表示已看作是如此、已决定是这样。/认为是……。已决定……。

△ そして、アナログ放送の番組はデジタル化に完全移行する直前の平成23年7月1日から24日までの間のいずれかの時期に終わらせ、アナログチャンネルではこれ以降「お知らせ画面」だけを送信するなどとしています。

△ 酔った上での失言だとし、彼の責任は問われないことになった。

△ 今の法律では夫婦はどちらか一方の姓を選ばなければならないとされている。

4. 副助词「とか」の使い方：

「とか」接在体言、和活用词的终止形后面。表示并列，列举两个以上的事物。/……啦……啦。

△ 「視覚障害者にもわかるよう画面やスーパーだけでなく音声による周知も検討すべきだ」とか「アナログテレビを購入する人には、そのテレビは完全デジタル化されたら受信できなくなるということをより明確に伝えるべきだ」といった意見が出されました。

△ 私は映画とか芝居とかいうものはあんまり好きじゃありません。

△ この品については、いいとか悪いとか、みんな違ったことを言っている。

5. 接续助词「たら」の使い方：

「たら」是过去、完了助动词「た」的假定形。

①表示假定条件。

△ そのテレビは完全デジタル化されたら受信できなくなるということをより明確に伝えるべきだ」といった意見が出されました。

△ 夏になったら、国に帰ろうと思う。

△ 七時になったら、出発することにしよう。

②表示确定条件。

△ ここまで来たら、もう一人で帰れるよ。

△ そんなに暑かったら、窓を開けなさい。

6. 副助词「や」の使い方：

「や」接在体言、有时也接在活用词的终止形后面。表示并列，列举两个以上的事物，往往带有暗示此外还有类似的事物的语气。/等等……。

△ この日からアナログ放送の終了時期を明示した「お知らせ画面」や文字スーパーを開始する。

△ そこには、本や新聞や雑誌などがある。

△ 読むや書くやで暇がない。

三、文章理解のポイント

1. アナログ放送の終了計画案の内容を話しなさい。
2. どうしてアナログ放送の番組を終了させますか。
3. どうして全国一斉に終了させますか。
4. 地上放送が完全デジタル化される平成 23 年 7 月 24 日までを 4 つの期間に分け、そのうち、どんなやり方をとったのですか。
5. 所得の低い人たちへの支援策は誰が、どこで発表したのですか。

第十八課　税率復活を前駆け込み給油

ガソリン税などの暫定税率が5月1日に復活した場合、ガソリン価格の大幅な値上げが予想されることから、都内のガソリンスタンドには、価格が安い今のうちにガソリンを購入しておこうというドライバーが次々に訪れています。

このうち、東京・世田谷区の幹線道路沿いにあるガソリンスタンドでは、大型連休に入った先週末からガソリンの給油に訪れるドライバーが増え始め、29日は朝から店に入り切れず、順番待ちをする車が道路に列を作りました。そして、順番が来るとほとんどのドライバーがタンクいっぱいまで給油していました。店によりますと、29日の客数はふだんよりも50%程度多いということです。給油に訪れたドライバーは「ガソリンの値上げ前に給油に来ました。道路特定財源のむだづかいが指摘されているのに、暫定税率が復活するのは納得できません」という人がいる一方で、「暫定税率の復活は困りますが、地方の事情などを考えるとしかたない面もあると思います」と話していました。また、店長の榎本稚久さんは「朝からずっと混雑が続いています。価格が上がったり下がったりで、消費者もスタンドも政治にほんろうされていて迷惑しています」と話していました。税制関連法案が成立し、ガソリン税などの暫定税率が5月1日に復活した場合、石油の元売り各社は、原油の調達コスト分を上乗せしたうえで、ガソリンの卸売価格を1リットルあたり30円程度引き上げる方針を決め、5月のレギュラーガソリンの全国平均の小売価格は、これまでで最高値の1リットル155.5円を超える水準まで上昇することになりそうです。

〔毎日新聞2008年5月2日〕

一、単語

1.	がそりんぜい〔ガソリン税〕（名词）	汽油税
2.	ざんていぜいりつ〔暫定税率〕（名词）	暂定税率
3.	ふっかつ〔復活〕（名词）	复活，恢复
4.	ねあげ〔値上げ〕（名词）	涨价
5.	スタンド（名词）	销售处
6.	ドライバー（名词）	司机，驾驶员
7.	せたがやく〔世田谷区〕（地名）	世田谷区
8.	かんせんどうろぞい〔幹線道路沿い〕（名词）	道路沿途
9.	おおがたれんきゅう〔大型連休〕（名词）	大型连休
10.	きゅうゆ〔給油〕（名词）	加油
11.	はいりきれる〔入り切れる〕（自一）	能够进入
12.	じゅんばんまち〔順番待ち〕（名词）	排队等待
13.	タンク（名词）	罐，桶
14.	とくていざいげん〔特定財源〕（名词）	特定财源
15.	むだづかい〔無駄遣い〕（名词）	浪费，乱花钱
16.	なっとく〔納得〕（名词）	理解
17.	じじょう〔事情〕（名词）	情形，情况
18.	しかたない〔仕方ない〕（）	没有办法
19.	えのきのりひと〔榎木稚久〕（人名）	榎木稚久
20.	ほんろう〔翻弄〕（名他サ）	愚弄、摆布
21.	もとうり〔元売〕（名词）	源头卖出
22.	ちょうたつ〔調達〕（名词）	采购
23.	コスト（名词）	成本
24.	うわのり〔上乗〕（名词）	坐在货物上（的人）
25.	おろしうり〔卸売〕（名词）	批发
26.	レギュラー（名词）	正规，正式
27.	こうりかかく〔小売り価格〕（名词）	零售价格
28.	リットル（名词）	升
29.	こえる〔超える〕（自一）	超越，超过
30.	じょうしょう〔上昇〕（名词）	上升，上涨

二、文型

1. ～ことから

接动词连体形。前项是后项判断的根据，后项是前项的结论或结果。/从……看来……。……因此……。

△ ガソリン価格の大幅な値上げが予想されることから、都内のガソリンスタンドには、価格が安い今のうちにガソリンを購入しておこうというドライバーが次々に訪れています。

△ ガラスが割れていることから、泥棒が入ったと分かった。

△ 雨にもかかわらず、人が大勢集まっていることから、彼の人気のすごさが分かる。

2. ～ておく

①表示事先做好某种准备。

△ ガソリン価格の大幅な値上げが予想されることから、都内のガソリンスタンドには、価格が安い今のうちにガソリンを購入しておこうというドライバーが次々に訪れています。

△ お正月用の餃子は大晦日に作っておきます。

△ アメリカへ行く前に英語を習っておくつもりです。

②表示将某种行为的结果继续保持下去。

△ 帰るとき、窓を開けておいてください。

△ ほかの人に話さないでおいてください。

③表示放任不管。（饥饿使役态时都表示这样的意思）

△ 帰りたいものは帰らせておけばいいじゃないか。

△ それは仕方がない。そのままにしておこう。

3. ～に入った

①进入。

△ 大型連休に入った先週末からガソリンの給油に訪れるドライバーが増え始め、29 日は朝から店に入り切れず、順番待ちをする車が道路に列を作りました。

△ 明日から九州では梅雨に入る見込みです。

△ 汽船は港に入る。

②加入，参加，入（学）。

△　軍隊に入る。

△　娘は今年から小学校に入る。

③装进，容纳。

△　この箱にはいるくらいの大きさ。

△　この財布には 3 万円は入っている。

④收入，得到。

△　月に１０万円はいる。

△　新しい情報が入った。

⑤入，到（耳、目、手、范围等）

△　昨日、やっとこの本は手に入った。

△　耳に入る。

三、文章理解のポイント

1. 暫定税率が復活の前に、どんな状況が出ましたか。
2. 客数は 29 日にふだんよりどれほど多くなったか。お客さんは何が納得できませんか。
3. ガソリンの卸売価格は 1 リットルあたりどれほど引き上げたか。2008 年夏ごろ全世界の石油の価格は、どうなったのですか。

第十九課　中国の胡锦涛国家主席が行った講演の詳細は次の通り

中国の歩み

中国は悠久の歴史を有し、人類文明の進歩に大きな貢献をした。一方で苦難に満ちた道を歩んできた。特に1840年のアヘン戦争以降、封建统治の腐敗と列强の侵略によって、中国は艱難辛苦をなめ尽くしてきた。1911年の辛亥革命で専制君主制度を打ち倒し、1949年に民族独立と人民の解放を実現した。

1978年に改革开放の道を歩み始めた。高度な中央集権的な計画経済から活力に満ちた市場経済へ、闭锁的状况から全方位の開放を実現した。中国は世界第3位の貿易大国になり、中国国民の生活も向上、歴史的変ぼうを遂げた。過去30年の発展は改革開放によるもので、将来の発展も改革開放に頼らなければならない。

中国の現状

中国は大きな発展を遂げたが、依然として世界最大の発展途上国だ。人口が多く、発展はアンバランスなため、矛盾や問題は規模でも複雑さでも世界でまれにみるものだ。裕福な社会の実現にはなお長い道のりがあり、根気よく努力を続けていかねばならない。

中国は終始変わることなく平和的発展の道を歩む。独立自主の平和外交を堅持し、世界経済の均衡のとれた発展を促進する。中国は防御的な国防政策を取り、永久に覇権を唱えない。

日中関係の歩み

近代に入り日本軍国主義が中国に対して侵略戦争を起こしたことで、両国の友好関係は大いに破壊された。この不幸な歴史は中華民族に多大な災難をもたらしただけでなく、日本国民にも大きな被害を与えた。

われわれは歴史を明記することを強調しているが、恨みを抱き続けるためのものではない。歴史をかがみとし未来に向かうためだ。平和を守るためであり、日中両国民が子々孙々にわたって友好的に付き合い、世界各国人民が平和を享受するためのものだ。

1972 年に国交正常化を達成し、日中関系は各分野で大きな発展を成し遂げた。両国間の貿易額は国交正常化当時の 11 億ドルから 2360 億ドルに増えた。日中関系の改善と発展は双方に実利をもたらした。

現在のような日中友好を筑くのは容易なことではなく、大切にすべきだ。日中関系はさらなる発展のチャンスに恵まれている。経済のグローバル化が深まる中、日中の共同利益と协力の可能性は絶えず拡大しており、国際社会で担うべき責任は重くなっている。

日中関系の発展観

日中の戦略的互恵関系を切り開いていくため 5 つのことが必要だ。

まず、相互信頼の増進。日中は相手の発展を客観的に認識しし、互いの平和的発展を支持すべきだ。相手は協力のパートナーであり、ライバルとみるべきではない。相手の発展を脅威でなく、チャンスとみなすべきだ。対話と協議を通じて意見の相違を克服すべきだ。

第 2 に、互恵協力の深化。両国は（現在の）良好な貿易の枠组みを大切にすべきだ。経済の相互補完性を生かし、省エネルギー、金融、情報など重要な分野での協力を強化していくべきだ。

第 3 に、人的、文化的な交流の拡大。人的交流は相互理解を深める架け橋で、文化交流は双方の感情をつなぐきずなだ。根気よく継続し、青少年交流の長期的的メカニズムの构筑を推進すべきだ。

第 4 は、アジアの発展促進。アジアの発展は日中の協力なしでは語れない。さまざまな地域協力を推進し、東アジアの平和と安定を守る。東アジア共同体の建設を推進し、アジアの新興を促進する中で、日中の共同発展を実現したい。

第 5 に、グローバルな課題への対処。テロ、気候変動、エネルギーや食の安全、自然災害、感染症、大量破壊兵器の拡散などの問題で協力して対処していくべきだ。

日本に対する認識

中国の近代化建設において、日本政府は円借款を提供、中国のインフラ建設、環境保護、エネルギー開発などを支援して積極的な役割を果たした。日本各界はさまざまな形で中国を支援してくれた。大勢の日本人が日中友好のために心血を注いだことを中国国民は永遠に明記している。

日本の国民は創造力にたけており、勤勉で英知と向上心に富んでいる。明治維新以降、世界の先進的文明を吸収し、アジアで最初の近代国家に発展させた。限られた資源と国土の中で、世界の注目を集める発展を成し遂げた。製造業、情報、金融などの分野で世界をリードし、世界一流の省エネ・環境保護技術を有している。これは日本国民の夸りであり、中国国民が学ぶべきものだ。

1984 年に中国は 3000 人の日本の青年を招き、大交流を行った。私はすべての交流活动に参加する中で深い友情を結んだ。昨年 6 月も当時の活動に参加した人たちを中国に招いた。共に努力して日中友好の種を広くまき、友好の旗印を子々孫々に伝えていかなければならない。

中国政府は（青年交流のため）100 人の早大生を中国に招くことを決めた。

（8 月に）北京五輪が開かれる。中国国民は五輪成功を願っている。日本政府と各界による五輪への支援に感謝する。日本選手が健闘することを祈る。

両国民が手を取り合って日中関系の美しい未来と、世界のより美しい未来をつくり上げていくことを願っている。（共同）

（http//：www.hahoo.co.jp/）

一、単語

1. あゆみ〔歩み〕（名词）　歩行，脚步，进行
2. ゆうきゅう〔悠久〕（名词）　悠久
3. くなん〔苦難〕（名词）　苦难
4. みちる〔満ちる〕（自一）　充满，涨，到期

5. アヘン（名词） 鸦片
6. ふはい〔腐敗〕（名词） 腐败
7. れっきょう〔列強〕（名词） 列强
8. しんりゃく〔侵略〕（名词） 侵略
9. かんなんしんく（艱難辛苦）（名词） 艰难辛苦
10. なめつくす〔嘗め尽くす〕（他五） 尝尽
11. しんがいかくめい〔辛亥革命〕（名词） 辛亥革命
12. せんせいくんしゅせいど〔専制君主制度〕（名词） 专制君主制度
13. うちたおす〔打ち倒す〕（他五） 打倒，打翻在地
14. ちゅうおうしゅうけん〔中央集権〕（名词） 中央集权
15. けいかくけいざい〔計画経済〕（名词） 计划经济
16. かつりょく〔活力〕（名词） 活力
17. へいさ〔閉鎖〕（名词） 封闭，关闭
18. ぜんほうい〔全方位〕（名词） 全方位
19. ぼうえき〔貿易〕（名词） 贸易
20. こうじょう〔向上〕（名词） 向上
21. へんぼう〔変貌〕（名词） 变形，改观
22. とげる〔遂げる〕（他一） 完成，达到
23. はってんとじょうこく〔発展途上国〕（名词） 发展中国家
24. アンバランス（名词） 不平衡
25. むじゅん〔矛盾〕（名词） 矛盾
26. まれに〔稀に〕（副词） 稀少
27. ゆうふく〔裕福〕（形动） 富裕
28. みちのり〔道のり〕（名词） 路程，距离
29. こんきよく〔根気よく〕（副词） 有耐力，有精力
30. きんこう〔均衡〕（名词） 均衡
31. ぼうぎょ〔防御〕（名词） 防御
32. はけん〔覇権〕（名词） 霸权
33. となえる〔唱える〕（他一） 念，高喊，提倡

34. うらみ〔恨み〕(名词)　仇恨
35. だきつづける〔抱き続ける〕(他一)　怀抱着
36. かがみ〔鏡〕(名词)　镜子
37. ししそんそん〔子々孫々〕(名词)　子子孙孙
38. つきあう〔付き合う〕(自五)　交际，来往
39. きょうじゅ〔享受〕(名词)　享受
40. かくぶんや〔各分野〕(名词)　各个领域
41. なしとげる〔成し遂げる〕(他一)　完成
42. きずく〔築く〕(他五)　构筑，修建
43. さらなる〔更なる〕()　更加
44. めぐむ〔恵む〕(他五)　施恩惠，施舍
45. グローバル(名词)　全球的，全世界规模的
46. たえず〔絶えず〕(副词)　不断地
47. ごけい〔互恵〕(名词)　互惠
48. きりひらく〔切り開く〕(他五)　开辟，开垦
49. ライバル(名词)　对手，敌手
50. みなす〔見なす〕(他五)　看作，认为
51. じんてき〔人的〕(名词)　人的
52. かけはし〔架け橋〕(名词)　架桥
53. つなぐ〔繋ぐ〕(他五)　系，拴
54. きずな〔絆〕(名词)　羁绊，纽带
55. メカニズム(名词)　机械装置
56. こうちく〔構築〕(名词)　构筑
57. しんこう〔振興〕(名词)　振兴
58. テロ(名词)　恐怖行动
59. えんしゃっかん〔円借款〕(名词)　日元贷款
60. インフラ(名词)　基础设施
61. しんけつ〔心血〕(名词)　心血
62. そそぐ〔注ぐ〕(自五)　流入，注入
63. たける〔長ける〕(自一)　擅长

64. えいち〔英知〕(名词)　　睿智，才智
65. リード(名词)　　领导
66. ほこり〔誇り〕(名词)　　自豪
67. はたじるし〔旗印〕(名词)　　旗帜，标志
68. ごりん〔五輪〕(名词)　　奥运会
69. けんとう〔健闘〕(名词)　　奋斗
70. とりあう〔取り合う〕(自他五)　　手牵手，争夺

二、文型

1. ～にみちる

①充满，满。

△ 一方で苦难に満ちた道を歩んできた。

△ 会場は友好的な雰囲気に満ちていた。

△ 自信に満ちた顔をしている。

②「～が満ちる」(月)圆、(潮)涨、(期限)到。

△ 月が満ちる。

△ 潮が満ちる。

△ 任期が満ちる。

2. ～なければならない

表示从社会常识或事情的性质来看，不那么做就不合情理。/必须……。应该……。

△ 過去30年の発展は改革開放によるもので、将来の発展も改革開放に頼らなければならない。

△ 教師は学生に対して公平でなければならない。

△ 医者になるために、国家試験に合格しなければならない。

3. ～ねばならない

「ねば」与「なければ」相同，本句型与「～なければならない」的意义相同。用于书面。

△ 裕福な社会の実現にはなお長い道のりがあり、根気よく努力を続けていかねばならない。

△　レポートは金曜日までに出さねばならない。

△　車がないから、歩かねばならない。

4.　～ことなく

接动词连体形。作连用修饰语，表示后项动作无前项动作伴随，或没有进行前项动作就开始了后项动作。意同「～ないで」。/不……（就……）

△　中国は終始変わることなく平和的発展の道を歩む。

△　あの人は振り返ることなく行ってしまった。

△　雪は止むことなく降り続いている。

5.　～ためだ

接动词连体形、体言の。前项表示结果，后项说明原因。/是由于……。是因为……。

△　歴史をかがみとし未来に向かうためだ。

△　あくびが出るのは寝不足のためだ。

△　図書館を建てなかったのはひとつには予算不足のためだ。

6.　～を通じて

表示利用某种媒介或方式来达到某种目的。/通过……。

△　対話と協議を通じて意見の相違を克服すべきだ。

△　私はそのことをテレビのニュースを通じて知りました。

△　秘書を通じて面会を求める。

7.　～なしでは、(なしには)

前项是假定条件，后项是可能态的否定形，表示消极的内容。/没有……的话就不（能）……。

△　アジアの発展は日中の協力なしでは語れない。

△　長い間の努力なしには成功できない。

△　調査するなしには発言できない。

8.　～に富む

富于，富有，丰富。

△　勤勉で英知と向上心に富んでいる。

△　経験に富む。

△　イラクは石油資源に富む国家である。

9.　「～を～とする」の使い方：

表示用来赋予某一事物以某种资格。/“把……当作……”。“把……看作……”。

△　歴史をかがみとし未来に向かうためだ。

△　わたしは恩師の生き方を手本としている。

△　芭蕉は人生を旅として生きた。

三、文章理解のポイント

1.　胡錦濤講演の要点を話しなさい。
2.　胡錦濤は中日友好の交流の歴史と現状について、どう話しましたか。
3.　今後のために、どんな五つの点を出しましたか。その内容を話しなさい。
4.　中日友好関係の発展のために、どういう道を歩まなければなりませんか。
5.　中日関係の発展観からみれば、一番重要なのは何ですか。

第二十課　援助隊派遣

<四川大地震>「2日早く来たかった」救助隊、撤収に悔しさ

【北川（中国四川省）稲垣淳、岡崎英遠】「あと2日早く来たかった」。日本の国際緊急援助隊が四川省北川県の現場から撤収した19日、隊員は現場間の移動などに時間を取られ、1人の生存者も救出できなかったことに悔しさをにじませた。

生き埋めになった被災者の生存率は、72時間を超えると大幅に下がるとされる。救出活動は12日の地震発生から4日後の16日からで、当初から困難が予想された。

また、都市型災害が専門の日本隊に山間部集落の救助を依頼するなど、初めて海外の救助隊を受け入れた中国側の不慣れな対応が追い打ちをかけた。

隊員らによると、援助隊の使う地図は「集落の位置関係が分かる程度」で、被害状況も「どこに聞けば正確な情報があるのか分からなかった」という。詳細はほとんど現地でしか分からなかった。

警視庁所属の隊員は「とにかく現場まで時間がかかった」と漏らす。東京消防庁ハイパーレスキュー隊所属の隊員は「生存確率の高い現場で、早く活動したかった」と、複雑な心境を明かした。

一方で「お客さんは危険な場所に行かせられないというのが中国側の姿勢。阪神大震災のとき、空港に降りたスイスの救助隊をまずホテルに案内した日本の対応に似ている」と指摘する幹部もいた。

小泉崇団長は「今回は時間との勝負。困難な条件で隊員はよくやってくれた。ただ生存者の救出に至らなかったのは残念でならない」と話した。

〔毎日新聞 2008年5月19日〕

【関連】

四川大地震：救助隊活動に外務省「日中関係に好影響」

日本政府は四川大地震での国際緊急援助隊の活動について「日本の存在感を示し、日中関係に好影響を与えた」（外務省幹部）として評価している。20日にも出発する医療チームに続き、復興支援にあたる技術者ら専門家チームの派遣についても、中国側の要請に応じて検討する。

日本隊救助チームの活動は、中国で好意的に報道された。16日に東京で講演した中国の崔天凱（さいてんがい）駐日大使も「日本の防災技術は中国より高く、被災地再建で協力できる」と語り、技術協力など長期的支援にも期待を示した。日本政府は、中国だけでなくアジア諸国に対しても「防災先進国」として災害時に貢献する能力をアピールできたと受け止めている。

ただ、課題も明らかになった。中国側の受け入れ表明が遅れ、救助チームの現地入りが地震発生5日目になったことについて、町村信孝官房長官が「出発の遅れで期待した通りの活動ができなかった」と述べるなど、不満の声もある。効率的な派遣受け入れに向けた日中間の調整が今後の課題で、そのためにも医療チームなどの活動に期待がかかっている。【須藤孝】

〔毎日新聞2008年5月19日〕

【関連】

四川大地震：日本援助隊、撤収　医療チーム派遣を決定

【北川（中国四川省）稲垣淳、岡崎英遠】中国・四川大地震で日本から派遣された国際緊急援助隊（小泉崇団長、61人）は19日、捜索活動をしている北川県からの撤収を決めた。同日中に成都へ戻り、帰国に向け中国側と詰めの協議をする。一方、政府は同日、中国の要請を受け医師や看護師、薬剤師らで作る医療チーム約20人の派遣を決めた。

援助隊は、北川県の現場が 2 次災害の危険が高いことや、地震発生から 1 週間がたち生存者のいる可能性が低くなっていることから、撤収を決めた。

援助隊は、海外から中国への人的援助第 1 号として、第 1 陣が 15 日に北京入り。翌 16 日に四川省青川（せいせん）県で救助にあたり、第 2 陣と合流後の 18 日からは北川県で活動。全部で 16 遺体を収容した。

医療チームの派遣要請は 19 日午後 2 時（日本時間同 3 時）、中国政府から北京の日本大使館にあった。早ければ 20 日にも出発。活動場所は今後、中国側と協議して決める。

〔毎日新聞 2008 年 5 月 19 日〕

【関連】

四川大地震：「哀悼の日」被災者も黙とう

【綿陽（中国四川省）西岡省二】約 34000 人の死亡が確認された四川大地震。「哀悼の日」に定められた 19 日、被災者約 2 万人が避難する四川省綿陽の九洲体育館では、体育館正面入り口付近に約 2000 人のボランティアが整列して黙とうをささげた。体育館周辺でもテント生活を送る被災者がテントから出て、犠牲者の冥福を祈った。

地震発生時刻の午後 2 時 28 分、消防車や工事車両が一斉にクラクションを鳴らすと、被災者らは次々に立ち上がって目をつぶった。

北川（ほくせん）県で被災し、父親や親類計 9 人を失った会社員、劉影（りゅうえい）さん（23）は、母親の李蓉（りよう）さん（47）を抱きかかえながら、大粒の涙を流した。「目をつぶっている間、お父さんのことが脳裏に浮かんだ」と言いながら泣き崩れ、「避難所生活がいつまで続くか分からない。政府に早く助けてもらいたい」と訴えた。

〔毎日新聞 2008 年 5 月 19 日〕

一、単語

1. てっしゅう〔撤収〕（名词）　　　　撤回，撤去

2. くやしい〔悔しい〕（形容） 令人懊悔
3. いなかきじゅん〔稲垣淳〕（人名） 稲垣淳
4. おかざきえいえん〔岡崎英遠〕（人名） 冈崎英远
5. にじませる〔滲ませる〕（他一） 使之渗出
6. いきうめ〔生き埋め〕（名词） 活埋
7. さんかんぶしゅうらく〔山間部集落〕（名词）
山区农户聚集地
8. ふなれ〔不慣れ〕（名词） 不习惯
9. おいうち〔追い打ち〕（名词） 追击
10. けいしちょうしょぞく〔警視庁所属〕（名词）
警视厅人员
11. もらす〔漏らす〕（他五） 漏掉，露出
12. ハイパーレスキュー（名词） 高级救助
13. しんきょう〔心境〕（名词） 心情
14. あかす〔明かす〕（他五） 揭露，说出
15. こいずみたかし〔小泉崇〕（人名） 小泉崇
16. きゅうしゅつ〔救出〕（名词） 救出
17. こうえいきょう〔好影響〕（名词） 好影响
18. ようせい〔要請〕（名词） 请求，要求
19. ひさいちさいけん〔被災地再建〕（名词） 灾区再建
20. アピール（名词） 呼吁
21. うけとめる〔受け止める〕（他一） 接住，挡住
22. まちむらしんこうかんぼうちょうかん〔町村信孝官房長官〕
（专名）町村信孝官房长官
23. ちょうせい〔調整〕（名词） 调整
24. そうさかつどう〔捜査活動〕（名词） 搜查活动
25. どうにっちゅう〔同日中〕（名词） 同一天之内
26. つめる〔詰める〕（他一） 填塞，填
27. たつ〔経つ〕（自五） 经过，过
28. せいせんけん〔青川県〕（地名） 青川县

29. ごうりゅうご〔合流後〕（名词） 合流后
30. しゅうよう〔収容〕（名词） 收容
31. めんよう〔綿陽〕（地名） 绵阳
32. にしおかしょういち〔西岡省一〕（人名） 西冈省一
33. あいとう〔哀悼〕（名词） 哀悼
34. ボランティア（名词） 志愿者
35. せいれつ〔整列〕（名词） 列队
36. もくとうをささげる〔黙祷をささげる〕（名词） 默哀
37. めいふく〔冥福〕（名词） 安息
38. クラクション（名词） 汽车喇叭，鸣笛
39. テント（名词） 帐篷
40. めをつぶる〔目をつぶる〕（名词） 闭眼
41. きたがわ〔北川〕（地名） 北川
42. おおつぶ〔大粒〕（名词） 大粒
43. のうり〔脳裏〕（名词） 颅内
44. なきくずれる〔泣き崩れる〕（自一） 放声大哭
45. たすける〔助ける〕（他一） 帮助，救助

二、文型

1. ～せられる

这是使役助动词「せる」和被动助动词「られる」结合在一起的用法，通常称为“被役态”，表示“被迫……”。“不得已……”的意思。

△　お客さんは危険な場所に行かせられないというのが中国側の姿勢。

△　私はいやな人参を食べさせられました。

△　一ヶ月に何回も寄付金を出させられた。

2. ～に至る

接动词连体形、体言。表示事物发展到了某种程度或某个阶段。/以至……。达到……。

△　「今回は時間との勝負。困難な条件で隊員はよくやってくれ

た。ただ生存者の救出に至らなかったのは残念でならない」と話した。

△　被害は次第に広範囲に広がり、ついに支社30人を出すに至った。

△　仕事がまだ完成するに至らないとき、彼は重い病気に掛かってしまった。

3. ～て（で）ならない

动词、形容词连用形接「～てならない」，形容动词词干接「～でならない」。表示因某种感情、感受、十分强烈，达到无法抑制的程度。只能接感情、感受的词语。/……得厉害；……非常；不由得……。

△　「今回は時間との勝負。困難な条件で隊員はよくやってくれた。ただ生存者の救出に至らなかったのは残念でならない」と話した。

△　だまされて、お金を取られたのが悔しくてならない。

△　子供のころ、納豆を食べるのがいやでならなかった。

4. ～形容动词になる

以“名词になる、形容词くなる、形容动词词干になる”的形式，表示事物的变化或转变。

△　ただ、課題も明らかになった。

△　木が切り倒されて、山が裸になってしまった。

△　病気はだいぶよくなった。

5. ～た通り

表示后项的行为完全按照前项所说的方式进行。/按……那样……。

△　出発の遅れで期待した通りの活動ができなかった。

△　わたしの言った通りにやってみてください。

△　雑誌に書いてあった通り、とても面白い映画です。

6. ～に続く

后继；跟着。

△　20日にも出発する医療チームに続き、復興支援にあたる技術者ら専門家チームの派遣についても、中国側の要請に応じて

検討する。

△　私は前の人に続いて舞台に上がった。

△　後に続く人はない。

7.　～てもらう

表示请别人为自己或自己一方的人做事，或从别人那里得到某种好处。/请你……。让……。

△　「避難所生活がいつまで続くか分からない。政府に早く<u>助けてもらいたい</u>」と訴えた。

△　早く医者に見てもらったほうがいいですよ。

△　田中さんは王さんに太極拳を教えてもらいました。

三、文章理解のポイント

1.　日本の国際緊急援助隊はいつ、どこへ行ったのか。何人救助したのか。その中に何人ぐらい生きていますか。
2.　救助隊の遺憾なことは何ですか。
3.　日本政府の官員は何の発言をしましたのか。
4.　日本医療隊は何人、いつ四川省に行ったのですか。
5.　このことからみれば、国際協力の役割を話しなさい。

第二十一課　「心の奥を見てほしい」カウンセラ——を訪れる相談客

スピリチュアル・ブームの広がりとともに、スピリチュアル・カウンセラーという肩書きをよく見聞きするようになった。一体どんなことをするのだろうか。

東京・銀座に瀧天貴（りゅうてんき）さんを訪ねた。この仕事を始めて約 8 年。著書も出版している。

お香りのたかれた部屋で、相談者はテーブルに向かい合って座る。氏名、生年月日、住所を紙に書く。相談者が聞きたいことを尋ねながら、瀧さんは目を閉じて、その文字を指でなぞって「呪文（じゅもん）」を唱えはじめた。一呼吸おいて、相談者の性格や悩みについて話し始める。かかる料金は一時間で 3 万円から。

占い師との違いを聞くと、瀧さんは「将来を占うだけでなく、これからどう生きればいいのか、その方針を伝える」と解説した。

最近、自分の本当の心を知りたいと話す人が増えたという。「今の自分は、本当の自分を生きていないとの思いがどこかにある。だから、心の奥を見てほしいと言います」

スピリチュアル・カウンセラーは、「霊視」などに基づいて悩みにアドバイスを行う。カウンセラーを名乗るのに特別な資格があるわけではなく、方法や料金も千差万別だ。それでも、スピリチュアル・カウンセラーの元には口コミで、多くの人が訪れる。

福島県いわき市の高津理恵さんは、毎日約 20 人の話を聞いている。「『頑張っても結果が出ないこともある。でも、自分を認めてもらいたい』。そんな心の奥を、その人に代わって伝えると、泣き出す人もいます」。客の7割が女性だが、男性も増えているという。

スピリチュアル・カウンセラーに人が集まる背景について、臨床心理士で原宿カウンセリングセンター（東京）所長の信田さよ子さんは「行き過ぎた『自己責任』の社会がある」と指摘する。

「自己責任」ばかりが強調され、成功も失敗もすべて個人の責任とされる。加えて、個人を守るような役割を果たしていた家族や会社、地域なども、かつてのように機能しなくなり、心から相談できる相手が少なくなった。

現実の生きづらさや無力感を抱える人たちの“救い”になっているのが、スピリチュアル・カウンセラーから発せられる言葉、「守護霊」「オーラ」といった、「目に見えないもの」ではないかと、信田さんは見る。目に見えないものだからこそ、現実の生きづらさから救い出してくれるというのだ。

そのうえで、信田さんは警告する。「前世などを信じることで、自分に自信を持ち、現実の問題に立ち向かうことができるなら、悪いことではない。しかし、今の苦しみから逃げるために前世に依存し、自分自身で納得しているだけでは、現実は何も変わらないことを理解してほしい」

〔読売新聞 2007年8月15日〕

一、単語

1. カウンセラー（名词）　心理咨询师
2. そうだんきゃく〔相談客〕　接受咨询的客人
3. スピリチュアル・ブーム（名词）　心灵（心理）热
4. かたがき〔肩書き〕（名词）　头衔
5. みきき〔見聞き〕（名词）　见闻
6. ちょしょ〔著書〕（名词）　著书
7. たく〔焚く〕（他五）　烧香、烧
8. なぞる（他五）　描（字等）
9. じゅもん〔呪文〕（名词）　咒文

10. うらない〔占ない〕（名词） 占卜、算卦
11. れいし〔霊視〕（名词） 灵视
12. アドバイス（名他サ） 建议、指导
13. なのる〔名乗る〕（他五） 自称
14. くちこみ〔ロコミ〕（名词） 口头互传
15. いわきし〔いわき市〕（地名） 磐市
16. カウンセリングセンター（名词） 心理咨询中心
17. たかつりえ〔高津理恵〕（人名） 高津理惠
18. わり〔割り〕（名词） 一成、十分之一
19. りんしょうしんりし〔臨床心理師〕 临床心理师
20. げんしゅく〔原宿〕（地名） 原宿
21. しのださよこ〔信田さよ子〕（人名） 信田佐代子
22. いきづらさ〔生きづらさ〕（名词） 难于生存、生活艰难
23. かかえる〔抱える〕（他一） 抱有、拥有
24. しゅごれい〔守護霊〕 守护灵
25. オーラ（名词） 气味
26. ぜんせ〔前世〕（名词） 前世
27. たちむかう〔立ち向かう〕（自五） 前往、对待
28. いぞん〔依存〕（自他サ） 依存

二、文型

1. ～てほしい

表示对对方或他人的某种希望或要求。希望自己以外的人做某事时用「～に動詞てほしい」的形式，希望某种事态发生时用「～が動詞てほしい」的形式，否定时用「～ないでほしい」。/希望……。想要……。

△ だから、心の奥を<u>見てほしい</u>と言います。

△ この展覧会にはたくさんの人に来てほしい。

△ 寒い冬には飽き飽きしてきた。早く春が来てほしい。

△ 僕をおいて、外国へなんか行かないでほしい。

2. ～わけではない

接用言连体形，表示否定按通常的道理得出的结论。/并不是……。并非……。

△ カウンセラーを名乗るのに、特別な資格があるわけではなく、方法や料金も千差万別だ。

△ 足を怪我していますが、歩けないわけではありません。

△ 人生には、こんな不幸なことばかりあるわけではないだろう。

3. ～てもらいたい

接动词连用形，表示说话人心目中的希望。/希望……。请……。

△ 頑張っても結果が出ないこともある。でも、自分を認めてもらいたい。

△ もう一度言ってもらいたい。

△ 明日の午後、来てもらいたいなあ。

4. ～に代わって

表示前后两项的替代关系。/替……。代替……。代表……。

△ そんな心の奥を、その人に代わって伝えると、泣き出す人もいます。

△ 部長が社長に代わって、挨拶をする。

△ 私に代わって尋ねてみてください。

5. ～とされる

表示一般公认的事实。用于报道、论文等正规的文体中。/一般认为……。据说……。

△ 「自己責任」ばかりが強調され、成功も失敗もすべて個人の責任とされる。

△ 夏によく泳いでおくと、冬になって風邪を引かないとされる。

△ ここは地震が多いので、高い建物は建てられないとされている。

6. ～からこそ

接用言终止形。表示特别强调其原因、理由。/正因为……才……。

△ 目に見えないものだからこそ、現実の生きづらさから救い出

してくれるというのだ。

△　みんなに手伝ってもたったからこそ、こんなに早くできたのである。

△　知らない人ばかりだったからこそ、言いにくいことも言うことができたのだ。

三、文章理解のポイント

1.　「心の奥を見てほしい」とは、いったい何を見てほしいですか。
2.　どうしてカウンセラ—を訪れる人が多いのですか。
3.　「自己責任」とは何を指しますか。
4.　信田さよ子が見た「目に見えないもの」は何ですか。
5.　信田さんは警告したものはなんですか。

第二十二課　ルール　国民皆で考える時　子供の法的地位も検討を

生殖補助医療（不妊治療）は、社会的な合意のないまま、新たな技術が先行し、既成事実化するケースを繰り返してきた。日本学術会議の「生殖補助医療のあり方検討委員会」委員で生命倫理が専門の加藤尚武・東京大学医学部特任教授に、この医療のルール作りについて見解を聞いた。

生命を問う不妊治療

一般的に医療は患者の同意を得て行われる。しかし、生殖補助医療では、夫婦の同意はとれても、生まれてくる子供の同意を、治療前にとることは不可能。こうした点が、他の医療と異なっている。生殖補助医療に積極的な医師ほど「患者の希望に応じるのが義務だ」と主張する。ただし、生まれてくる子供に不利益が生じる恐れがある場合、（不妊に悩む親の意向とは一線を画し）誰が治療にストップをかけるのか。国家が生殖補助医療に干渉するのは、子供の利益を代弁するためだ。

とはいえ、日本で生殖補助医療のルール作りがなかなか進まないのは、国民性の問題がかなり大きい。米国や英国は、自分たちの法律は、自分たちの手で作ってきたという自負がある。だが、日本は明治時代に、海外の刑法や民法を輸入して整備した。

従来は何か新しいことが起きても、（国民が自発的に考えず）輸入品の法律で間に合わせようという習慣だった。それが、生殖補助医療という新しいことが起き、自分たち自身で法律を考えないことに、どこかおかしいという気持ちを皆が持ち始めてきたといえる。

日本学術会議では今年一月から、生殖補助医療のルール作りを検討し始めた。ここで考慮すべき点は、まず、子供を持つための医療にアクセス（到達）する権利だろう。病気などで子供を生む機能を失った夫婦には、憲法上、この権力は認められるのが当然だ。

不妊夫婦は一般国民の中では少数派に属するため、生殖補助医療のルールは多数決では決められない。少数派のの人たちの医療へのアクセス権をどう認めるか国民みなが一生懸命に考える必要がある。

一方、現在の民法では、他人から卵子の提供を受けて子供を生んだ場合には母親になれるのに、タレント向井亜紀さんのように、自分の卵子で他人に生んでもらうと、母親とは認められない。同じ不妊の苦しみを持つ人で法的な親子関係に差が出るのはおかしい。

生まれてきた子供の法的地位を検討する必要もある。仮に両親が、禁止された生殖補助医療を行った場合でも、生まれてきた子供にその尻拭いをさせるのは一般には考えられない。その子にとって最大の利益が図られるよう対処することが望ましい。

立法府は、生殖補助医療で生まれた親子関係について抜本的に見直すか、例外規定を設けるか、もう判断する時期に来ている。

〔読売新聞 2007 年 6 月 17 日〕

一、単語

1. せいしょくほじょいりょう〔生殖補助医療〕（名词）　生殖补助医疗
2. ふにんちりょう〔不妊治療〕（名词）　不孕治疗
3. ごうい〔合意〕（名自サ）　达成一致
4. あらたに〔新たに〕（副词）　重新
5. きせいじじつ〔既成事実〕（名词）　既成事实
6. くりかえす〔繰り返す〕（他五）　反复做
7. りんり〔倫理〕（名词）　伦理
8. かとうなおたけ〔加藤尚武〕（人名）　加藤尚武
9. とう〔問う〕（他五）　问、提问
10. ことなる〔異なる〕（自五）　不同

11. せっきょくてき〔積極的〕（副词）　　積极地
12. しょうじる〔生じる〕（自一）　　发生
13. おそれ〔恐れ〕（名词）　　可能性
14. なやむ〔悩む〕（自五）　　烦、烦恼
15. ストップ（名他サ）　　停止
16. かんしょう〔干渉〕（名他サ）　　干涉
17. だいべん〔代弁〕（名词）　　代办
18. じふ〔自負〕（名词）　　自负
19. せいび〔整備〕（名他サ）　　整备、维修
20. アクセス（名词）　　到达、接近
21. ぞくする〔属する〕（自サ）　　属于
22. たすうけつ〔多数决〕（名词）　　以多数通过
23. らんし〔卵子〕（名词）　　卵子
24. ていきょう〔提供〕（名他サ）　　提供
25. うむ〔生む〕（他五）　　产生
26. タレント（名词）　　演艺界人士
27. むかいあき〔向井亜紀〕（人词）　　向井亚纪
28. おやこかんけい〔親子関係〕（名词）　　亲子关系
29. かりに〔仮に〕（副词）　　假如
30. しりぬぐい〔尻拭い〕（名词）　　处理善后
31. はかる〔図る〕（他五）　　谋求、策划
32. たいしょ〔対処〕（名他サ）　　对应
33. りっぽうふ〔立法府〕（名词）　　立法机关

二、文型

1. ～まま（で）

接动词过去形或否定形。表示在原有状态持续着的条件下做后项的动作或行为。/……（原封不动地）就……。

△　生殖補助医療（不妊治療）は、社会的な合意のないまま、新たな技術が先行し、既成事実化するケースを繰り返してきた。

△　靴を履いたまま、部屋に入らないでください。

△　クーラをつけたまま寝ると、風邪を引きますよ。

2.　～おそれがある

表示有可能发生某种消极的事情。经常在新闻、报道中使用。/恐怕会……。有可能……。

△　ただし、生まれてくる子供に不利益が生じる恐れがある場合、（不妊に悩む親の意向とは一線を画し）誰が治療にストップをかけるのか。

△　このガスは環境を破壊する恐れがあります。

△　君の態度はみなの誤解を招く恐れがある。

3.　～に応じる

前项作为依据，后项根据前项的情况而发生变化。/根据……。随着……。适应……。

△　生殖補助医療に積極的な医師ほど「患者の希望に応じるのが義務だ」と主張する。

△　収入に応じて、生活のしかたを変える。

△　体力に応じて適度な運動をする。

4.　～に（で）悩む

烦恼、忧愁、苦恼。

△　ただし、生まれてくる子供に不利益が生じる恐れがある場合、（不妊に悩む親の意向とは一線を画し）誰が治療にストップをかけるのか。

△　先生は家庭の不和に悩んでいる。

△　彼はこの問題で悩んでいる。

5.　～のは～ためだ

先说结果，后说明原因。/（之所以）……是因为……。

△　国家が生殖補助医療に干渉するのは、子供の利益を代弁するためだ。

△　電車が遅れたのは踏切事故があったためだ。

△　あくびが出るのは寝不足のためだ。

6.　～に属する

属于。

△　不妊夫婦は一般国民の中では少数派に属するため、生殖補助医療のルールは多数決では決められない。

△　人間は哺乳類に属する。

△　すべての権力は国民に属する。

三、文章理解のポイント

1. 生命を問う不妊治療についてどういう内容を含んでいますか。
2. 生殖補助医療のルール作りがなかなか進まないのはどんな問題ですか。
3. 憲法上、病気などで子供を生む機能を失った夫婦にはどんな権力が認められますか。
4. 日本の現在の民法はどうなっていますか。
5. 不妊治療について、日本の立法府はどんな問題を抱えていますか。

第二十三課　「不進不存」の精神を常に持って、目標達成に向け懸命に取り組もう

一昨年、創業 110 周年という節目の年に、グンゼの社長に就任した平田弘さん。伝統ある企業で、経理・財務畑をほぼ一筋に歩んできたが、進歩がなければ存在できないという意味の「不進不存」を モットーにしており、チャレンジ精神は常に旺盛だ。そんな平田社長に、自身の体験を通して、向上心を持って仕事をすることの大切さを語ってもらった。

間違い許されぬ社会人　自分の仕事には責任を

熊本大学を卒業してすぐグンゼに入りました。グンゼは関西が地盤でしたが、当時の人事部長が鹿児島出身で、九州でも採用活動を熱心にされており、私もそれに応じて入社試験を受けたのです。昔 は九州にも製糸工場があって、社名はよく知っていましたし、何より、子供のころの肌着はほとんどグンゼですから、強い関心がありました。

ただ、最初の配属が岡山県の津山工場で、仕事は会計係の見習い。津山の場所も知りませんし、法学科の出身で、経済に関する知識やスキルも全然ありませんから、正直言って不安でした。

津山には結局 5 年いましたが、やはり最初は苦労しましたね。何回そろばんをはじいても違う答えが出るといった感じで、商業学校出身の女性社員にずいぶん助けられました。計算が苦手なうえ、ルーチン的な仕事ばかりで面白くないし、やめたいと思ったこともあります。

ただ、この時に頑張って勉強した計数的な感覚や財務諸表の知識など、経営に必要なものの基礎が、自分にとって大きな財産になっていると思います。

思い出すのは、最初に書類を作って上司に提出した時のことです。「書類にハンコを押してこい」と言われまして、もう一度内容の見直しをしたのです。その時に、学生時代は80点も取れば合格だが、社会人は間違いが許されないということに気付かされました。

自分のした仕事には責任を持たなければならない。その証拠としてのハンコだということなんですね。社会人としての自覚、仕事に対する姿勢というものを、初めて認識しました。

今の若い人たちを見ていますと、職場の上下関係をあまり意識せず、自分の意見をはっきりと言う人が多いですね。この点は評価できます。ただ、仕事そのものに対するハングリー精神といいますか、何か目標を持って突き進むといった姿勢にやや欠けるような気がします。

時代が変化していますので、生活に対してハングリーということはなくて当然ですが、仕事に対して挑戦者意識を持ち、目標の達成に向け「一所懸命」に取り組むというのは、いつの時代でも、若者の資格・条件と言えるのではないでしょうか。人間として成長していくためにも、非常に大切なことだと思います。

「誠意と愛情と謙虚」が信用得るためには大切

社会人として一番大切なことは、私は信用だと思うのです。色々な仕事をまかせてもらうため、あるいは新しい仕事に挑戦させてもらうためには、人から信用されることが基
です。

グンゼは創業の時から、会社として信用を得るためには「誠意と愛情と謙虚」が大切であると言い続けています。個人も同じです。誠意を持って仕事をする。愛情を持って人に接する。謙 虚に人の意見を聞き、向上心を絶やさない。そのことで信用が得られるのです。信用を得るのに近道はありません。

私が選んだ今年の言葉は「不進不存」です。今は非常に変化の激しい時代ですから、環境変化に敏感に対応し、進化する企業でなければならないということです。個人もやはり、人 間として成長していくために、絶えず進化・向上を目指していくことが重要だと思います。

今年策定した2010年度までの中期経営計画では、「SHINKA」という言葉を掲げました。新しいものに挑む「新化」、技術や知識を深める「深化」、そして改革し、前に進む「進化」です。これらをキーワードに顧客や社会からの期待に応え、企業価値向上につなげたいと思います。

事業展開としては、アパレル事業を基盤としながら、プラスチックフィルム、高機能プラスチック、タッチパネル、メディカル材料などの事業を成長・拡大させるとともに、グローバル化をさらにスピードアップさせたい。そのためには、社員に国際感覚を身に付けてもらいたいのですが、語学力だけでは国際人にはなれません。相手の文化を尊重し、相手を思いやる心。「誠意と愛情と謙虚」が、どの国に行っても必要なのではないでしょうか。

〔日本経済新聞2008年05月26日〕

一、単語

1. とりくむ〔取り組む〕(自五)　参与，努力
2. ふしめ〔節目〕(名词)　节点
3. グンゼ(名词)　君是(日本针织企业名)
4. しゅうにん〔就任〕(名自サ)　就任
5. ひらたひろ〔平田弘〕(人名)　平田弘
6. けいり·ざいむばたけ〔経理·財務畑〕(名词)　会计，财务方面
7. ひとすじ〔一筋〕(名词)　一直
8. モットー(名词)　标语，座右铭
9. チャレンジせいしん〔チャレンジ精神〕(名词)　挑战精神
10. おうせい〔旺盛〕(形动)　旺盛
11. まちがいゆるす〔間違い許す〕　允许犯错
12. かんさい〔関西〕(名词)　关西地区
13. じばん〔地盤〕(名词)　势力范围
14. せいし〔製糸〕(名他サ)　缫丝
15. はだぎ〔肌着〕(名词)　内衣，汗衫
16. つやま〔津山〕(地名)　津山

17. みならい〔見習い〕（名词）　　　　　　见习，学徒
18. スキル（名词）　　　　　　　　　　　　技术
19. しょうじき〔正直〕（形动）　　　　　　老实
20. そろばん〔算盤〕（名词）　　　　　　　算盘
21. はじく〔弾く〕（他五）　　　　　　　　打（算盘）
22. ルーチン（名词）　　　　　　　　　　　例行公事
23. けいすうてき〔計数的〕　　　　　　　　（行动）计数的
24. しょるい〔書類〕（名词）　　　　　　　文件
25. じょうし〔上司〕（名词）　　　　　　　上司
26. ハンコ（名词）　　　　　　　　　　　　印章
27. しょうこ〔証拠〕（名词）　　　　　　　证据
28. じょうげかんけい〔上下関係〕（名词）　上下级关系
29. ハングリー（名词）　　　　　　　　　　渴望，追求
30. つきすすむ〔突き進む〕（自五）　　　　突破
31. かける〔欠ける〕（自下一）　　　　　　欠缺
32. ちょうせんしゃ〔挑戦者〕（名词）　　　挑战者
33. けんきょ〔謙虚〕（形动）　　　　　　　谦虚
34. える（うる）〔得る〕（他下一）　　　　得到
35. まかせる〔任せる〕（他下一）　　　　　委托
36. もと〔基〕（名词）　　　　　　　　　　基础
37. いいつづける〔言い続ける〕（他下一）　一直说
38. たやす〔絶やす〕（他五）　　　　　　　灭绝
39. ちかみち〔近道〕（名词）　　　　　　　捷径
40. びんかん〔敏感〕（形动）　　　　　　　敏感
41. たえず〔絶えず〕（副词）　　　　　　　不断地
42. さくてい〔策定〕（名他サ）　　　　　　制定
43. かかげる〔掲げる〕（他下一）　　　　　提出
44. いどむ〔挑む〕（自他五）　　　　　　　挑战
45. キーワード（名词）　　　　　　　　　　关键词
46. かんきゃく〔観客〕（名词）　　　　　　观众

47. つなぐ〔繋ぐ〕（他五）　接合，维系
48. アパレル（名词）　衣服
49. プラスチックフィルム（名词）　塑料膜
50. タッチパネル（名词）　触摸板
51. メディカル（名词）　医学的
52. グローバル（名词）　全球
53. スピードアップ　加速
54. そんちょう〔尊重〕（名他サ）　尊重
55. おもいやる〔思いやる〕（他五）　体谅

二、文型

1. ～に取り組む

以「～に取り組む」、「～と取り組む」的形式，表示努力，拼命去干难度较大的事情。/“致力于……”。“搞……”。

△ 目標達成に向け懸命に取り組もう。

△ あの医者は長い間伝染病に取り組んできた。

△ 夏休みはきらいな数学に取り組んでみよう。

2. 全然…ない

副词。与否定语尾呼应，表示全面否定之意。/“完全不（没）……”

△ 経済に関する知識やスキルも全然ありませんから、正直言って不安でした。

△ 今まで　全然病気をしたことがない。

△ そんな話は　まだ誰からも　全然聞いていません。

3. …うえ、（うえに）

名词。接体言の，用言连体形下，表示某事情与其他事情的递加关系。/“不仅如此；而且……”。“并且……”。

△ 計算が苦手なうえ、ルーチン的な仕事ばかりで面白くないし、やめたいと思ったこともある。

△ みちに迷った上に雨にまで降られた。

△ もうこの上申し上げることはございません。

4.　～がする

"が"是格助词，在该句型中的"する"是自动词的性质。「～がする」表示人的五官、皮肤、肌肉所感觉到的现象。

△　ただ、仕事そのものに対するハングリー精神といいますか、何か目標を持って突き進むといった姿勢にやや欠けるような気がします。

△　めまいがする。

△　笑い声がする。

5.　～に対応する

"に"是格助词，接续在动词连体形、体言下。「～に対応する」表示适用于……的意思/"対応"。"适用于"。"対付"。

△　今は非常に変化の激しい時代ですから、環境変化に敏感に対応し、進化する企業でなければならないということです。

△　現状に対応した処置。

△　相手の出方に対応する。

三、文章理解のポイント

1.　「不進不存」の精神の内容を具体的に話してみなさい。

2.　平田弘さんは　自身の体験を通して　社会人としての自覚、仕事に対する姿勢というものを語りました。実はどんな自覚と姿勢を持ったなければなりませんか。話してみなさい。

3.　ハングリー精神はどんな精神ですか。

4.　信用を得るためには　一番大切なのは　何でしょうか。

5.　どのようにして国際人になれますか。

第二十四課　成田空港30年、羽田との一体運用でこそ

日本の「空の玄関」成田空港が開港30年を迎えた。いまや年間の旅客が3500万人にのぼり、国際旅客数では世界6位、国際貨物量で3位だ。

だが、今後は次々と追い抜かれそうになってきた。ここ数年の間に韓国や中国、シンガポールのライバル空港が、着々と能力を増強しているからだ。グローバル化とアジア経済の急成長で航空需要が膨らみ、空港の競争が激しさを増している。30年前とは様変わりだ。

激しい反対運動が続いた成田は、長らく滑走路を1本しか持てなかった。発着枠が少ないのが悩みだ。2002年にできた2本目の滑走路を10年には延伸して枠を増やすが、それでもアジアのライバル空港に及ばない。

世界では24時間運用が常識なのに、成田は騒音対策のため夜11時から朝6時まで発着できないハンディがある。2年後には空港と東京・日暮里を最短36分で結ぶ高速鉄道もできるが、都心から遠いのは否めない。

いま、世界では航空ネットワークづくりが急ピッチで進む。各国間で相次いで航空自由化協定が結ばれ、路線や便数が急増している。3月には米国と欧州連合との協定も発効した。

成田にはいま40カ国1地域から乗り入れ希望があるが、枠がなくて受け入れられない。だから日本は本格的な自由化協定を結べない。このままでは、世界のネットワークづくりから取り残されかねない。

そこで、羽田を国際空港としてフル活用するよう改めて提案したい。羽田はいまでも国内を含めた旅客数で世界4位の実力がある。国内便

が大半だが、全国に新幹線網が延びた現在では国内航空網の役割が変わった。

国土交通省は「国際は成田、国内は羽田」を原則とし、国内で最も遠い石垣島（1947キロ）の距離内、例えばソウルや上海までしか羽田には国際便を認めてこなかった。冬柴国交相がやっと、この規制を見直す方針を明らかにした。羽田に4本目の滑走路ができて発着枠に余裕が生まれる10年をにらんでのことだ。

海外から投資を呼び込み、多くの人やモノが往来する国にする。そのためには空の玄関の競争力がぜひとも必要だ。北京や台北、さらにはインドのムンバイなど、成長著しいアジアの主要都市へ路線を広げていってほしい。

羽田は都心に近い。国際旅客数で世界一のロンドン・ヒースロー空港にも匹敵する好条件だ。やり方しだいで北京や上海へ日帰り出張も可能になる。そういう試みが東アジア経済圏の形成に向けてエンジンになるはずだ。

成田と羽田を総合して効果を高めるため、空港の運営会社を一本化するのも一案だろう。国際競争力を強めるよう、あらゆる選択肢を検討したい。

[朝日新聞2008年05月22日]

一、単語

1. そらのげんかん〔空の玄関〕（名词）　　空中大门
2. いまや〔今や〕（副词）　　现在，已经
3. かぶつりょう〔貨物量〕（名词）　　货物数量
4. おいぬく〔追い抜く〕（他五）　　超过
5. シンガポール（地名）　　新加坡
6. ライバル（名词）　　竞争对手
7. つぎつぎと〔次々と〕（副词）　　接连不断地
8. グローバルか〔グローバル化〕（名词）　　全球化
9. さまがわり〔様変わり〕（名词）　　情况发生变化

10. ながらく〔長らく〕（副词）　长久
11. かっそうろ〔滑走路〕（名词）　飞机跑道
12. えんしん〔延伸〕（名词）　延伸
13. わく〔枠〕（名词）　范围，界限
14. そうおん〔騒音〕（名词）　噪音
15. はっちゃく〔発着〕（名他サ）　（飞机）起飞降落
16. ハンディ（名词）　不利条件
17. にちぼり〔日暮里〕（地名）　日暮里
18. いなめない〔否めない〕（复合词）　不能否定的
19. ネットワークづくり（名词）　网络构建
20. きゅうピッチ〔急ピッチ〕（名词）　高速度
22. あいついで〔相次いで〕（副词）　相继
23. びんすう〔便数〕（名词）　班次数
24. はっこうする〔発効する〕（名自サ）　生效
25. のりいれる〔乗り入れる〕（他下一）　加入
26. ほんかくてき〔本格的〕（形动）　正式
27. とりのこす〔取り残す〕（他五）　落伍
28. フルかつよう〔フル活用〕（名他サ）　充分利用
29. たいはん〔大半〕（名词）　多半
30. あみ〔網〕（名词）　网
31. いしがきじま〔石垣島〕（地名）　石恒岛
32. ソウル（地名）　首尔（韩国首都）
33. ふゆしば〔冬柴〕（人名）　冬柴
34. こっこうしょう〔国交相〕（名词）　国土交通大臣
35. みなおす〔見直す〕（他五）　改正
36. にらむ〔睨む〕（他五）　预料
37. よびこむ〔呼び込む〕（他五）　召唤
38. ぜひとも〔是非とも〕（副词）　一定
39. ムンバイ（地名）　孟买（印度城市）
40. ロンドン・ヒースロー（专有名词）　伦敦希思罗机场

41. ひってき〔匹敵〕（名他サ）　匹敌
42. しだいで〔次第で〕（接尾）　决定因素
43. 日がえり〔日帰り〕（名词）　当天来回
44. こころみ〔試み〕（名自他）　尝试
45. エンジン（名词）　发动机
46. あらゆる（连体）　所有
47. せんたくし〔選択肢〕（名词）　多项选择
48. けんとう〔検討〕（名他サ）　研究、讨论

二、文型

1. ～におよぶ

“～におよぶ”表示事物扩展到的场所，时间和状态。“に”是格助词，接续在动词连体形、体言下，表示比较标准，或动作涉及的范围。/“达到”。“涉及”。

△ 2002 年にできた 2 本目の滑走路を 10 年には延伸して枠を増やすが、それでもアジアのライバル空港に及ばない。

△ 話はその問題に及ぶと、みんなだまっている。

△ この川はこの山から平野部を流れ、太平洋に及ぶ。

2. ～のに

“のに”是接续助词，连接在形容词、动词、形容动词连体形和名词+な（だ的连体形）下，表示逆态接续。同时伴有埋怨，不理解等语气。/“却”。“偏偏”。

△ 大雨が降っているのに傘を持たない。

△ 日曜日なのに、るすです。

△ 好きなのに、素知らぬ顔をしている。

3. ～かねない

“かねない”接续在动词连用形下面，表示可能之意。/“有可能……”。“容易”。

△ あの運転では大事故をおこしかねない。

△ 彼女に言わなければ、忘れられかねないよ。

△　国交断絶にもなりかねない険悪な空気。

4.　～を～と（に）する

"…を…名詞と（に）する"、"…を形容詞くする"、"…を形容動詞にする"是"する"作为他动词的常用句型。"を"是格助词，表示"する"的对象语。"に"或"と"表示动作的结果，"形容词く"、"形容动词に"作"する"的状语成分。/"把……作为……"。

△　生活をよくする。

△　事情を明らかにする。

△　わが党は、社会公平の実現を終局の目標にしている。

三、文章理解のポイント

1.　今、空港の競争はどうして激しくなりましたか。
2.　どうして、成田空港の滑走路は少ないのですか。本格的な自由化協定を結べないのですか。
3.　羽田空港の様子を話してみなさい。
4.　羽田空港の条件はどうですか。
5.　日本の国際競争を強めるために、どんなことを検討しなければならないのですか。

第二十五課　神舟7号——中国を国際連携の輪に

白い宇宙服の飛行士が、青い地球を背に、誇らしげに赤い中国国旗をかざす姿が世界中にテレビ中継された。

中国の有人宇宙船「神舟 7 号」による初の宇宙遊泳である。冷戦のさなか、人類初の宇宙遊泳を競っていた旧ソ連と米国は、1965 年に相次いで成功させた。それから 40 年余り遅れたが、中国にとっては歴史的な快挙に違いないだろう。

中国は 03 年、1 人乗りの神舟 5 号で初めて有人飛行し、米ロの独占だった有人宇宙飛行の世界に名乗りを上げた。2005 年には 2 人乗りの神舟 6 号で、さまざまな実験をした。3 回目の今回、宇宙船の外で作業をするという本格的な宇宙活動に挑んだ。

その着実な歩みは、宇宙大国としての中国の存在が揺るぎないものになりつつあることを示している。

再来年には、宇宙船同士のドッキングが計画されている。そうした技術を積み重ねて、独自の宇宙ステーションの建設をめざしている。

しかし、宇宙開発はすでに、国際連携の時代に入っている。大切なのは、この連携の輪に中国を迎え入れていくことではないか。

米国を中心に日本やロシア、欧州などが参加した国際宇宙ステーションの建設は、その国際連携の象徴だ。そこには、日本の実験棟「きぼう」もできた。

この計画は冷戦時代、米国が旧ソ連に対抗するために西側諸国に参加を求め、冷戦終結後にはロシアが招かれた。中国は加わっていない。

今、心配されているのは、米国とロシアとの間で繰り広げられてきた宇宙の軍拡競争に中国までが加わり、さらに激しくなることだ。

とりわけ中国では、軍事部門が宇宙開発を担当している。高度な宇宙技術を持って存在感を増していくと、それが新たな宇宙軍拡競争の引き金にならないか、世界が懸念している。

現に、中国が昨年、ミサイルで人工衛星の破壊実験を行うと、米国も今年、同様の実験を行っている。

こうした不信を和らげるためにも、中国は宇宙開発で国際連携の輪に加わるべきなのだ。それによって、他国の無用な警戒心を解くことになる。まずは、できるところからでも、協力を始めればよいだろう。

日本としても、中国に協力を積極的に呼びかけたい。日本が得意な宇宙観測などの分野で協力の道を探ることは可能ではないか。

日本では宇宙基本法が成立し、この秋から、政府の宇宙開発戦略本部が今後の計画づくりを始めたところだ。

基本法は、宇宙開発で国際協力を進めることもうたっている。安全保障の点からも、日中の宇宙協力の意味は大きいはずだ。

〔朝日新聞 2008 年 9 月 29 日〕

一、単語

1. れんけい〔連携〕（名自サ）　合计，联合
2. ほこらしい〔誇らしい〕（形容词）　自豪的，自满的
3. かざす（五他）　蒙上，罩上
4. ちゅうけい〔中継〕（名他サ）　中继，转播
5. ゆうじん〔有人〕（名词）　有人，载人
6. ゆうえい〔遊泳〕（名自サ）　游泳，行走
7. れいせん〔冷戦〕（名词）　冷战
8. さなか〔最中〕（名词）　最盛期，最高潮
9. きそう〔競う〕（五自）　竞争，竞赛
10. あいつぐ〔相次ぐ〕（五自他）　相继，接替
11. かいきょ〔快挙〕（名词）　快举，壮举

12. なのる〔名乗る〕(五自他)　自报姓名，申明
13. いどむ〔挑む〕(五自他)　征服，挑战，挑逗
14. ちゃくじつ〔着実〕(名/形/动)　踏实，牢靠，扎实
15. あゆみ〔歩み〕(名词)　走，步行，步伐，进展
16. ゆるぎ〔揺るぎ〕(名词)　动摇
17. ドッキング(名自サ)　宇宙飞船在外层空间的对接
18. つみかさねる〔積み重ねる〕(下一他)　推起来，积累
19. むかえいれる〔迎え入れる〕(下一他)　迎进，挺进
20. ステーション(名词)　火车站，所，站
21. しょうちょう〔象徴〕(名他サ)　象征
22. じっけんとう〔実験棟〕(名词)　试验房
23. たいこう〔対抗〕(名自サ)　对抗
24. むとめる〔求める〕(他下一)　追求，要求，求得
25. しゅうけつご〔終結後〕(名词)　完了后，结论后
26. まねく〔招く〕(他五)　招聘，招呼，招待
27. くわわる〔加わる〕(自五)　增加，添加
28. ぐんかくきょうそう〔軍拡競争〕(名词)　军备竞赛
29. とりわけ〔取り分け〕(名词/副词)　特别，尤其
30. ひきがね〔引き金〕(名词)　(枪的)扳机
31. けねん〔懸念〕(名他サ)　惦记，担心
32. ミサイル(名词)　导弹，火箭
33. やわらげる〔和らげる〕(他下一)　使……柔和，缓和
34. けいかいしん〔警戒心〕(名词)　警惕性，警戒
35. とく〔解く〕(他五)　解开，拆开，解除，稀释
36. かんそく〔観測〕(名他サ)　观测
37. ぶんや〔分野〕(名词)　领域
38. さぐる〔探る〕(他五)　探，摸，寻找
39. ほしょう〔保障〕(名他サ)　保障
40. しんしゅう〔神舟〕(名词)　神舟

二、文型

1. …あまり

“余り”是接尾语，接在体言下面，表示“以上”或者“之多”的意思/“多”。“余”

△ それから40年余り遅れたが、中国にとっては歴史的な快挙に違いないだろう。

△ もう、この前国へ帰ってから十年余りになる。

△ 参加したのは、百人余りになった。

2. …と… との…

“と”是并列助动词，表示并列，“の”是格助词，表示所属关系。与“と”重叠做定语成分。/“……和……的……”。

△ 今、心配されているのは、米国とロシアとの間で繰り広げられてきた宇宙の軍拡競争に中国までが加わり、さらに激しくなることだ。

△ 町と村との交流が盛んになった。

△ 文化と教育の協力が強くなった。

3. …ことになる

该句型表示事物的变化，发展的必然趋势，结果。“こと”是形式名词，没有实质意思。有时可以不译或者译成，/“就会”。“就成了”。

△ それによって、他国の無用な警戒心をとくことになる。

△ これで一段落を告げることになる。

△ 学校と学校との連携でこんな成功を得ることになるのだ。

4. …としても

一般“としても”接动词连用形＋た的下面，表示假定连接条件。/“即使……也……”。“纵然……也……”。

△ 日本としても、中国に協力を積極的に呼びかけたい。

△ あの時にすぐ出かけたとしてもやっぱりお目にかかれなかったでしょう。

△ そのことを忘れたとしても忘れない。

5. ～たところだ

此句型中的“ところ”是形式名词，表示时候、时间，“た”是过去助动词，接连用形的下面。该句型表示动作刚刚开始或完了。/“刚刚……时候……”。

△ 日本では宇宙基本法が成立し、この秋から、政府の宇宙開発戦略本部が今後の計画づくりを<u>始めたところだ</u>。

△ 今起きたところです。

△ 先生が教室へ行ったところです。

三、文章理解のポイント

1. 日本は中国の神舟7号についての見方はどうなりますか。
2. 日本が心配しているのは何ですか。
3. 日本が希望しているのは何ですか。
4. 宇宙開発について世界の状況はどうですか。
5. 「神舟7号」という宇宙活動の意義は何ですか。

第二十六課　メラミン問題——海またぐ食の安全管理を

中国で乳児らに深刻な健康被害を起こしている牛乳や粉ミルクのメラミン汚染の問題が、日本に飛び火した。

メラミンの混ざった製品をつくった中国の乳業メーカーの牛乳を、日本の大手の丸大食品が肉まんなどの原料として使っていたというのだ。

こうした食品はスーパーで売られ、病院や福祉施設でも食事、おやつとして出されていた。実際にメラミンが含まれていたのかは検査中だが、丸大食品は商品の自主回収を始めた。

口に入るものだけに、回収や販売中止などの対策をとるのは当然だ。他社製を含むほかの商品にも問題がないかどうか、十分に確かめる必要がある。

事件の発端は、中国河北省のメーカーの粉ミルクを飲んだ乳幼児らが腎臓結石を起こして死亡したことだ。子どもを抱えた親たちが病院に殺到し、13000人が入院したという。

メラミンを混ぜると、たんぱく質の多い良質の生乳であるかのように偽装できる。ごまかしの手口として酪農家の間に広まったらしい。

こうしたメラミン混入は、なぜ、これまで発覚しなかったのか。加工企業や行政機関は知らなかったのか。中国の捜査当局は事実関係を解明し、責任の追及を急いでもらいたい。

今回の問題は、国境を越えて大量の食べ物が移動する時代の危うさを改めて浮き彫りにした。危険な食品であっても、やすやすと海を越えて広がってしまう。まして加工食品となると、安全な原材料が使われているかどうかを消費者が見極めるのは難しい。

東南アジアでは中国の乳製品の輸入や販売を禁じる国も出てきた。今のところ日本で健康被害の報告はない。仮に原料にメラミンが混ざっていたとしても、粉ミルクを直接口に入れた場合と比べれば影響は小さいのだろう。

丸大食品は中国の事件の巻き添えになったかたちだが、今回の教訓は、原材料の一つひとつに至るまで責任を持って安全性を確かめなければならないということだ。それは消費者の安全を守るだけでなく、企業の信用を保つためにも欠かせない。

とりわけ、いまの日本の食卓は中国製の食品に大きく依存している。だからこそ危険な食品をなくすため、日中間でもっと協力すべきだ。両国の企業間の風通しを良くして正確な情報を交換し、チェックする。日中の政府もそれを後押しする仕組みをつくる。そうしたことを進めてもらいたい。

中国からの冷凍ギョーザや国内の汚染米問題で食の安全が揺らいでいる。対策は、大胆に迅速に、である。

〔朝日新聞 2008 年 9 月 25 日〕

一、単語

1. メラミン（名词）　三聚氰胺
2. またぐ〔跨ぐ〕（他五）　迈过，跨过
3. にゅうじ〔乳児〕（名词）　乳儿，婴儿
4. こなシルク〔粉シルク〕（他五）　奶粉
5. まざる〔混ざる〕（自五）　掺混，混杂
6. おやつ（名词）　零食
7. じしゅかいしゅう〔自主回収〕（名他サ）　自动收回
8. はんばいちゅうし〔販売中止〕（名他サ）　终止销售
9. たしかめる〔確かめる〕（他下一）　弄清，查明
10. はったん〔発端〕（副词）　发端
11. じんぞうけっせき〔腎臓結石〕（名词）　肾结石
12. おこす〔起こす〕（他五）　掀起

13. さっとう〔殺到〕(名自サ)　涌向
14. ゆうがいぶっしつ〔有害物質〕(名词)　有害物质
15. ヨーグルト(名词)　酸奶
16. はっかく〔発覚〕(名自サ)　暴露，被发现
17. おちいる〔陥る〕(自五)　落入，陷入
18. たんぱくしつ〔たんぱく質〕(名词)　蛋白质
19. せいにゅう〔生乳〕(名词)　鲜牛奶，生牛奶
20. ぎそう〔偽装〕(名他サ)　伪装
21. ごまかす(他五)　蒙蔽，糊弄
22. てぐち〔手口〕(名词)　手法，方法(做坏事惯用的)
23. らくのうか〔酪農家〕(名词)　乳制品的农户
24. こんにゅう〔混入〕(名自他サ)　混入，挤入
25. ついきゅう〔追及〕(自他サ)　追究，追问
26. あやうさ〔危うさ〕(名词)　危险
27. うきぼり〔浮き彫り〕(名他サ)　浮雕，塑造
28. やすやすと(副词)　轻易，容易
29. まして　〔況して〕(副词)　何况，况且
30. みきわめる〔見極める〕(他下一)　看清，看透
31. きんじる〔禁じる〕(他上一)　禁止
32. かりに〔仮に〕(副词)　假定，假设
33. まきそえる〔巻き添える〕(他下一)　牵连，连累
34. きょうくん〔教訓〕(名他サ)　教训，经验教训
35. いそん〔依存〕(名自サ)　依存，依赖
36. かぜとおし〔風通し〕(名词)　通风
37. うしろおし〔後押し〕(名词)　从后面推，后援
38. しくみ〔仕組み〕(名词)　构造，筹划，结构
39. ゆらぐ〔揺らぐ〕(自五)　摇摆，摇晃
40. じんそく〔迅速〕(名、形动)　迅速

二、文型

1. ～だけに

接在体言、用言连体形下面，表示原因，强调因果必然性。有时用于消极叙述方面。/“正因为……所以……”。

△ 口に入るものだけに、回収や販売中止などの対策をとるのは当然だ。

△ 重大な事柄だけに慎重な態度で検討する必要がある。

△ 優れた技術を身につけていないだけに失敗しました。

2. ～かどうか

“かどうか”句型表示是否之意，与“ないかどうか”表示的意思相同。“か”是终助词，表示疑问。/“是否……”。

△ 他社製を含むほかの商品にも問題がないかどうか、十分に確かめる必要がある。

△ 行くかどうか　はっきり言ってください。

△ できるかどうか　よくわからない。

3. ～かのように

“か”是副助词，表示不定，语气委婉，不十分肯定。“ようだ”是比况助动词，表示举例，说明事物与此相近或相似。/“好像……似的”。

△ メラミンを混ぜると、たんぱく質の多い良質の生乳であるかのように偽装できる。

△ 王さんは休むことも知らないかのように学校へ行った。

△ 息子さんが帰ったかのように、ご馳走を作りました。

4. ～となると

前面的格助词“と”指出后续动词“なる”的内容，后面的“と”是接续助词。表示前提条件，该句型接在体言、用言终止形下，表示提起、谈到某件事。/“提到……的话”。“要说……的话”。

△ まして加工食品となると、安全な原材料が使われているかどうかを消費者が見極めるのは難しい。

△ 神舟７号となると、それは中国人のほこりだ。

△ みんながやるとなると、きっと早くできた。

5.　～だからこそ

"だ"是断定助动词。"から"是接续助词，表示原因，顺态连接后项。"こそ"是提示助词，语气很强。该句型接在体言下面。/"因为……"。

△　だからこそ危険な食品をなくすため、日中間でもっと協力すべきだ。

△　先生も行きました。だからこそ、生徒たちは一斉に行きました。

△　三十歳になりましたが、まだわかいです。だからこそしっかり勉強しなければいけません。

三、文章理解のポイント

1.　中国では牛乳や粉ミルクのメラミン汚染問題が出てから、日本と東南アジア諸国の反応はどうですか。
2.　中国のメラミン問題と関連した日本の企業はどうしましたか。
3.　国境を越えて大量の食べ物が移動時代にどのように食品の安全性を保つか。
4.　日本政府は何を進めてもらいたいと表明しましたか。

第二十七課　こんにゃくゼリー——悲劇を重ねないために

「行ってきます」と玄関を出た息子が、元気な姿で家に帰ってくることはなかった。学童保育所で口にしたこんにゃく入りゼリーをのどに詰まらせ、わずか7歳でこの世を去った。

その無念さと再発防止への思いを、母親が当時の福田首相の前で切々と訴えた。つい先月、東京都内で開かれたシンポジウムでのことだ。

それからひと月もたたないうちに、幼い命がまた失われてしまった。

今度の犠牲者は兵庫県に住む1歳9カ月の男の子だ。凍らせたこんにゃく入りゼリーが原因だった。

小さな容器に入ったこんにゃく入りのゼリーは、歯ごたえがあって根強い人気がある一方で、窒息事故の恐れが以前から指摘されていた。普通のゼリーよりも硬くて弾力性が強く、のみ込む時にのどをふさぎやすい。

90年代に死亡事故が相次いで問題となり、国民生活センターが注意を呼びかけてきた。それでも被害はなくならない。死亡した人は1995年以降、わかっているだけで17人になり、病院へ運ばれた人はさらにたくさんいる。とりわけ子どもとお年寄りの犠牲が多い。

なぜ、事故をなくせないのか。

のどに詰まらせやすい子どもとお年寄りに対し、業界団体は「たべないで」と注意する統一マークを決めて商品につけ始めた。だが、危険があることが消費者に十分伝わっているとは言いがたい。見た目は普通のゼリーと区別しにくいため、つい食べさせてしまった保護者もいるだろう。

政府も抜本的な対策をとってこなかった。ゼリーの形や硬さを規制する法的な枠組みがないからだ。

このままではまた事故が起こりかねない。ここは消費者もメーカーも政府も、それぞれの立場で被害を防ぐ努力をすべきだ。

消費者は何よりも、こんにゃくゼリーで命を落とす場合があることを知っておかねばならない。小さな子やお年寄りが絶対に食べないように、親や周りの人が目配りする必要がある。

事故を受けて、野田消費者行政担当相がゼリーをつくった企業の幹部を呼び、「小さな警告マークのみの商品は自主回収してはどうか」と促した。さすがに手をこまぬいているわけにはいかなかったのだろうが、もう一歩対策を進められないものか。

窒息の引き金となる食品は、餅をはじめ、ほかにもたくさんある。だが、こんにゃく入りゼリーはＥＵ（欧州連合）や韓国では販売が禁じられた商品である。そうしたことも念頭に、対策作りに知恵を絞ってもらいたい。

メーカーは包装袋の警告文を増やし、大きな表示もするという。それは当然だが、のどに詰まりにくい安全な商品をつくる工夫を改めて求めたい。それは企業の社会的な責任である。

〔朝日新聞 2008 年 10 月 5 日〕

一、単語

1. こんにゃくゼリー（名词）　　魔芋果冻
2. くちにする〔口にする〕（连语）　　吃
3. つまる〔詰まる〕（他五）　　堵塞
4. むねんさ〔無念さ〕（名词）　　无念，什么也不想、悔恨
5. せつせつ〔切々〕（形容动词）　　痛切，深切
6. シンポジウム（名词）　　研讨会
7. ひょうごけん〔兵庫県〕（地名）　　兵库县

8. はごたえ〔歯ごたえ〕（名词） 咬头，起劲
9. ねづよい〔根強い〕（形容词） 根深蒂固
10. ちっそく〔窒息〕（名自サ） 窒息
11. ふさぐ〔塞ぐ〕（自五） 不舒畅，郁闷
12. とりわけ（名词、副词） 分开，平局，特别
13. ぎせい〔犠牲〕（形容动词） 牺牲
14. なくす（他五） 丧失
15. マーク（名他サ） 标记，商标，记录，盯上
16. だが（接续词） 但是，可是
17. つたわる〔伝わる〕（自五） 传达
18. みため〔見た目〕（名词） 外表，表面看来
19. つい（副词、名词） 终于
20. ばっぽんてき〔抜本的〕（形容动词） 彻底
21. わくぐみ〔枠組み〕（名词） 框架，构架
22. メーカー（名词） 厂家
23. めくばり〔目配り〕（名自サ） 四下张望
24. うながす〔促す〕（他五） 促使
25. さすがに（副词） 就连……都，不愧
26. てをこまぬく〔手を拱く〕（连语） 拱手，袖手旁观
27. はんばい〔販売〕（名他サ） 销售
28. きんじる〔禁じる〕（他五） 禁止
29. ねんとう〔念頭〕（名词） 心头，心上
30. ちえ〔知恵〕（名词） 智慧
31. しぼる〔絞る〕（他五） 拧，炸，强逼

二、文型

1. ～べきだ

“べき”是文语助动词“べし”的连体形。其连用行是“べく”表示当然，自然之意。/“应该……”。

△ ここは消費者もメーカーも政府も、それぞれの立場で被害を

防ぐ努力をすべきだ。

△ 守るべき規則。

△ 悪いと思ったら、すぐ謝るべきだ。

2. ～のみ

文语副助词，等于现代口语中的“だけ”。接在名词、动词原形下，表示限定范围。/“只……”。“仅……”。“光……”。

△ 事故を受けて、野田消費者行政担当相がゼリーをつくった企業の幹部を呼び、「小さな警告マークのみの商品は自主回収してはどうか」と促した。

△ あとは返事を待つのみだ。

△ 戦って戦い抜くのみだ。

3. ～ては

接续助词，接在动词连用形下，五段动词要音便。表示提示导致事物消极的条件和同一动作、作用的重复。/“一……就……”。“要……”。“又……又……”。

△ 事故を受けて、野田消費者行政担当相がゼリーをつくった企業の幹部を呼び、「小さな警告マークのみの商品は自主回収してはどうか」と促した。

△ 雨が降ってはこまる。

△ 落ちてはとび、落ちてはとび。

4. ～わけにはいかない

接用言连体形下面。“わけ”是形式名词，，表示“道理”。该句型表示因受道理的约束，不能做某种事情。与“できない”相近似。/“不能……”。“不该……”。

△ さすがに手を拱いているわけにはいかなかったのだろうが、もう一歩対策を進められないものか。

△ せっかくのご好意とはいえ、私はただでもらうわけにはいかないのです。

△ 両親の同意を得ていませんから、外国に行くわけにはいかない。

5.　～ものか

接用言连体形下面。“ものか”是终助词，构成反问句。表示强烈否定对方的话或想法，口语中常用“もんか”。/“怎么会……呢”。

△　もう一歩対策を進められないものか。

△　これぐらい歩いて、疲れるもんですか。

△　「逃がすものか」と呼んで、泥棒をおいかけます。

6.　～をはじめ

“体言をはじめとする”表示“以……为首的”，作为例子举出主要的为首的事例。/“以……为首的”。

△　窒息の引き金となる食品は、餅をはじめ、ほかにもたくさんある。

△　外交部部長をはじめとする中国代表団が日本についた。

△　総理大臣は外国の外相をはじめとする一同と会見した。

三、文章理解のポイント

1.　悲劇とは何ですか。
2.　悲劇の原因は何ですか。
3.　どこの何人の子供が被害されましたか。
4.　子供や老人窒息になりやすいものは何ですか。
5.　世界の多くの国はどんな対策をとっていますか。

第二十八課　個室ビデオ火災——「宿」としての対策急げ

多くの人が眠っている未明の火災とはいえ、なぜ客が 15 人も亡くならなければならなかったのか。

火事が起きたのは、大阪市の繁華街・ミナミにある「個室ビデオ店」だ。亡くなった客の多くは個室の中で倒れていたという。店内は窓のない迷路のようだ。暗闇の中で逃げる間もなく、煙に巻き込まれたのだろう。なんとも痛ましい限りだ。

大阪府警は客の 1 人を放火・殺人の疑いで逮捕した。こんな狭い空間で放火したことが事実であれば、とんでもない犯罪だ。大きな憤りを感じる。だが、それにしても、店の防火体制に落ち度があったのではないか、という疑問がぬぐえない。

この店は南海難波駅のすぐ近くで、7 階建ての雑居ビルの 1 階に入っている。32 の個室があり、それぞれにテレビやＤＶＤデッキ、ソファなどが置いてある。部屋は中から鍵がかけられる造りだった。

逃げ出した人によると、外への避難口は玄関の 1 カ所しか使えなかった。通路は狭く、店員の避難誘導もなかったそうだ。これだけでも店の責任は逃れられまい。

しかも、見逃せないのは、この店は 1500 円で泊まれる「簡易ホテル」というのが実態だったことだ。ホームページでは「完全個室だからネットカフェよりゆっくり寝れちゃいます」と売り込んでいた。シャワー室も備え、タオルや毛布も貸し出していた。

店の常連客は「あの時間ならほとんどの人が仮眠している」と話していた。終電に乗り遅れたような人たちには便利なのだろう。

ところが、店側の避難誘導や防火管理体制を見ると、宿泊を想定し、思わぬ火災に備えたものになっていたとはとても思えない。それが惨事の背景になっているのではないか。

昨年1月、兵庫県宝塚市のカラオケボックスが火事になり、3人が亡くなった。この火事を機に、消防法の施行令が改正され、「個室」を提供する店に自動火災報知機の設置が義務づけられた。その施行日が今回の火災の当日だったというのも皮肉な話だ。

だが、今回のようなビデオ店やネットカフェなどの「個室」が宿泊施設化していることには防火対策が追いついていない。消防庁はこうした店の数すらつかめていない。事実上宿泊施設になっている店は、大きなホテルや旅館と同じようにスプリンクラーを義務づけるなどの新たな対策を考えなければならない。

今回の惨事であぶり出されたのは、都市における宿泊できる便利な個室の危うさだ。いざというときに逃げることができるのか。そうしたことを考えながら慎重に店を選ぶのが、都市で暮らす心得なのかもしれない。

〔朝日新聞 2008 年 10 月 2 日〕

一、単語

1. めいろ〔迷路〕（名词）　迷路
2. くらやみ〔暗闇〕（名词）　黑暗
3. まきこむ〔巻き込む〕（他五）　卷入，牵连
4. なんとも〔何とも〕（副词）　（下接否定）无关紧要，怎么也
5. いたましい〔痛ましい〕（形容词）　惨不忍睹
6. ほうか〔放火〕（名自サ）　放火
7. さつじん〔殺人〕（名词）　杀人
8. うたがい〔疑い〕（名词）　疑惑
9. たいほ〔逮捕〕（名他サ）　逮捕
10. とんでもない（形容词/连语）　毫无道理
11. いきどおり〔憤り〕（名词）　愤怒

12. おちど〔落ち度〕(名词)　错误，过失，罪

13. ぬぐう〔拭う〕(他五)　搓，消除

14. なんかいなにわえき〔南海難波駅〕(地名)　南海难波站

15. ざっきょビル〔雑居ビル〕(名词)　杂居大楼，多户人住在一所大楼

16. ＤＶＤデッキ(名词)　DVD 播放器

17. かぎをかける〔鍵をかける〕(连语)　上锁

18. ひなんぐち〔避難口〕(名词)　避难口

19. つうろ〔通路〕(名词)　通路，通道

20. ゆうどう〔誘導〕(名他サ)　诱导，引导

21. これだけ(连语)　这么，那么

22. みのがす〔見逃す〕(他五)　看漏，放过

23. とまる〔泊まる〕(自五)　停，放，投诉

24. ホームページ(名词)　网络主页

25. ネットカフェ(名词)　网吧

26. うりこむ〔売り込む〕(他五)　推销，出卖

27. シャワー(名词)　淋浴

28. そなえる〔備える〕(他五)　具备

29. タオル(名词)　毛巾

30. もうふ〔毛布〕(名词)　毛毯

31. じょうれんきゃく〔常連客〕(名词)　常客，熟客

32. かみん〔仮眠〕(名词)　打盹

33. のりおくれる〔乗り遅れる〕(下一自)　没赶上车船，落后于时代

34. さんじ〔惨事〕(名词)　惨案

35. はいけい〔背景〕(名词)　背景

36. たからづかし〔宝塚市〕(地名)　宝塚市

37. カラオケボックス(名词)　卡拉 OK 包厢

38. しこうれい〔施行令〕(名词)　实施命令

39. かいせい〔改正〕(名他サ)　改正，修改

40. ひにく〔皮肉〕(名词，形容动词)　挖苦，讽刺，嘲笑

41. おいつく〔追いつく〕(自五)　追上，追赶

42. つかめる（下一自）　能抓住
43. スプリンクラー（名词）　洒水器，自动洒水灭火器
44. あぶりだし〔あぶり出し〕（名词）　考墨纸
45. あやうさ〔危うさ〕（名词）　危险性
46. いざ（感叹词）　喂，唉
47. しんちょう〔慎重〕（名词，形容动词）　慎重，小心
48. こころえ〔心得〕（名词）　素养，经验，规则，思想准备

二、文型

1. ～とはいえ

接体言、用言终止形下面。“と”是格助词，指出后续动词“言う”的内容。“は”是提示助词，突出和加强“と”。“いえ”是“いう”的命令形。表示逆态接续。书面语言。/“虽说……然而……”。

△ 多くの人が眠っている未明の火災とはいえ、なぜ客が15人もいなくならなければならなかったのか。

△ あの人は七十歳になったとはいえ、まだ丈夫で毎日働いている。

△ 難しいとはいえ、勉強せずにはいけません。

2. ～ちゃう

“ちゃう”是五段他动词，俗语，是“てしまう”的变音。“ちゃった”是“てしまった”之意。接在动词连用形下面。/“完了……”。

△ ホームページでは「完全個室だからネットカフェよりゆっくり寝れちゃいます」と売り込んでいた。

△ その本を見ちゃった。

△ ほんとに困っちゃうわ。

3. ～限りだ

“限り”是名词，接在用言连体型下面，表示限度，最大极限。也可以接在表示时间，范围名词下，表示“只限于……”。“太……为”。“真是……”。

△ なんとも痛ましい限りだ。

△　申し込みは今月の末限りです。

△　今回はこんなにすばらしい賞をいただくことができて、光栄な限りです。

三、文章理解のポイント

1. 個室ビデオ店火災で倒れた人はどんな人ですか。どこで倒れたのですか。その原因は何ですか。
2. その個室はどんな作り方ですか。
3. 逃げ出せない原因はなんですか。
4. 「簡易ホテル」という実態は何ですか。どんな人がそこに泊まりますか。
5. 都市で暮らす心得は何でしょうか。

第二十九課　高齢者虐待、昨年度1万3千件死亡27件すべて家庭

65歳以上の高齢者が家族や介護職員らから虐待された事例が、2007年度は前年度より712件多い13335件に上ることが6日、厚生労働省の全国調査でわかった。死亡事例は27件で、すべて家庭内だった。また、家庭内で認知症の高齢者への虐待も増えており、介護を要する認知症（認知症日常生活自立度2より重度）は、前年より2.7ポイント多い44.5%になった。

2006年に施行された高齢者虐待防止法を受け、厚労省は全国1816市区町村と都道府県の状況をまとめた。

通報を受けた市区町村が立ち入り調査などした結果、家庭内で13273件、特別養護老人ホームなど施設で62件の虐待が確認された。

虐待の大半を占めた家庭内では、殴るなど身体的虐待が63.7%と最も多く、暴言で侮辱するなど心理的虐待が38.3%、食事を与えないなど介護放棄（ネグレクト）が28%だった。家庭内の虐待の40.6%が息子によるもの。次いで、夫（15.8%）、娘（15%）だった。

高齢者が死亡した理由は、殺人が13件、介護放棄7件のほか、心中も4件あった。虐待の通報の4割以上はケアマネジャーら職員からだった。

通報・相談件数は前回より約1700件増加。厚労省は「通報窓口の設置など取り組みが進んだ」とみるが、被害は「氷山の一角」との指摘もある。市区町村の体制でも、対応マニュアルなどを作っているのは4割に満たないなど、課題が残る。

〔朝日新聞2008年10月7日〕

一、単語

1.	ぎゃくたい〔虐待〕(名・他サ)	虐待
2.	かいご〔介護〕(名・他サ)	介护，护理
3.	こうせいろうどうしょう〔厚生労働省〕(名词)	卫生劳动部
4.	にんちしょう〔認知症〕(名词)	认知症
5.	じりつど〔自立度〕(名词)	自立度
6.	ポイント(名词)	要点
7.	たちいる〔立ち入る〕(自五)	进入
8.	ろうじんホーム〔老人ホーム〕(名词)	老人公寓
9.	たいはん〔大半〕(名词)	大部分
10.	しめる〔占める〕(他一)	占，占有
11.	ぼうげん〔暴言〕(名・自サ)	说话粗暴
12.	ぶじょく〔侮辱〕(名・他サ)	侮辱
13.	ネグレクト(名词)	无视，轻视
14.	ついで〔次いで〕(副词)	接着
15.	しんじゅう〔心中〕(名・自サ)	情死
16.	ケアマネージャ(名词)	看护管理
17.	つうほう〔通報〕(名・他サ)	通报
18.	そうだんけんすう〔相談件数〕(名词)	商量次数
19.	まどぐち〔窓口〕(名词)	窗口
20.	ひょうざんのいっかく〔氷山の一角〕(名词)	冰山的一角
21.	してき〔指摘〕(名・他サ)	指出
22.	マニュアル(名词)	手册
23.	みつ〔満つ〕(自五)	足，够
24.	かだい〔課題〕(名词)	课题

二、文型

1. ～に上る

"に"是格助词，接在体言下，表示动作的归着点方向。"上る"是多义词，在此指数量上"达到"，"高达"等意。

△　2007年度は前年度より712件多い13335件に上ることが、ことが6日、厚生労働省の全国調査でわかった。

△　先月の売り上げは三千万円に上った。

△　死者は数百人に上った。

2.　～ておる

"ておる"是辅助动词，接动词、助动词连用形下面，是"ている"的客气、郑重语气的表现形式。/"正在……"。"……着"。

△　また家庭内で認知症の高齢者への虐待も増えており、介護を要する認知症（認知症日常生活自立度2より重度）は、前年より2.7ポイント多い44.5%になった。

△　大学に勤めております。

△　先生はペキンに行っていて　まだ帰っておりません。

3.　～割

本文中的"割"是接尾语，接在数词下，表示"几分之几"，"几成"之意。

△　虐待の通報の4割以上はケアマネージャーら職員からだった。

△　この仕事はもう8割ぐらいできている。

△　昨年より2割の増産を見せた。

三、文章理解のポイント

1.　日本では、高齢者虐待の現状を述べてください。
2.　高齢者虐待の種類はいくつかありますか。
3.　今年　高齢者虐待の中では、死亡したのは何人いますか。理由は何ですか。
4.　日本の市区町村の対応体制がありますか。普及したのは何割ですか。
5.　今の状況から見れば、今後の課題は何ですか。

第三十課　ノーベル賞——紙と鉛筆、一挙に花開く

日本の科学を大いに元気づける知らせが 6 年ぶりに北欧から届いた。

米シカゴ大学名誉教授の南部陽一郎さんと、高エネルギー加速器研究機構名誉教授の小林誠さん、京都大学名誉教授の益川敏英さんのノーベル物理学賞の同時受賞である。

南部さんの受賞研究は「対称性の自発的破れ」をめぐる理論だ。この奇妙な言葉は何を意味するのか。

よく使われるたとえ話がある。

円いテーブルにナプキンが並んでいたとする。右に置かれたのをとるか、それとも左か。迷っているうちに誰かが右を選べば、みんな右をとる。

対称とはどの向きも同等ということだが、それがふとしたことで壊れ、そこに一つの向きが現れる。物質世界に広くみられる現象だ。

この自然界の根っこにあるしくみを理論づけたことで「粒子にはなぜ重さ（質量）があるのか」といった素粒子論の難題の解決に道筋をつけた。

小林さんと益川さんの研究は宇宙の対称性の破れに迫るもので、ＳＦの香りがする。素粒子には、ふつうの粒子とそっくりだが、電気の正負などが逆の反粒子という一群がある。ところが、この宇宙はほとんどがふつうの粒子でできており、反粒子の「裏世界」は見あたらない。それはなぜか。この問いに向き合った。

どちらも日々の暮らしには縁遠い。だが、人々の世界観を豊かにする。知的好奇心に根ざす純粋科学である。

もともと日本には初のノーベル賞受賞者である湯川秀樹さん、2人目の朝永振一郎さんに象徴される理論物理の伝統がある。「紙と鉛筆」の科学だ。3人はその継承者といえよう。

歴史を振り返ると、こうした純粋科学も長い歳月を経て人々の生活を一変させることがある。たとえば1920年代に築かれた量子力学は半導体物理の礎となり、20世紀末にＩＴ社会を花開かせた。純粋科学は未来社会に可能性を与えるのである。

今回、基礎の基礎といえる科学に一挙に賞が贈られることを喜びたい。

この受賞からは、今日の科学に対するいくつもの教訓が読み取れる。

南部さんはアイデアを畑違いの分野から得た。いま応用面でも注目されている超伝導の理論を素粒子論に生かしたのである。専門のタコつぼに陥らなかったことが成果に結びついた。

小林・益川理論の声価が実験によって定まったことも忘れてはならない。理論が予想する粒子は90年代までに見つかった。2000年代に入ってからは精密な実験が理論を裏づけた。いずれも巨大加速器による実験で、費用面でも技術面でも一朝一夕には実現できない。

科学には視野の広さと息の長さが欠かせない。3人の快挙はそんなメッセージを発信している。

〔朝日新聞2008年10月8日〕

一、単語

1. ノーベルしょう〔ノーベル賞〕（名词）　诺贝尔奖
2. いっきょに〔一挙に〕（副词）　一举，同时
3. おおいに〔大いに〕（副词）　很，非常
4. げんきづける〔元気付ける〕（他下一）　提起精神，壮胆
5. ほくおう〔北欧〕（名词）　北欧
6. とどく〔届く〕（五自）　收到

7. シカゴだいがく〔シカゴ大学〕（名称） 芝加哥大学
8. めいよきょうじゅ〔名誉教授〕（名词） 名誉教授
9. なんぶよういちろう〔南部陽一郎〕（人名） 南部阳一郎
10. エネルギー（名词） 能源
11. こばやしまこと〔小林誠〕（人名） 小林成
12. ますかわとしひで〔益川敏英〕（人名） 益川敏英
13. じゅしょう〔受賞〕（名词，他サ） 得奖，受赏
14. たいしょうせい〔対称性〕（名词） 对称性
15. やぶれ〔破れ〕（名词） 破绽
16. めぐる〔巡る〕（五他） 旋转，围绕
17. きみょう〔奇妙〕（形容动词） 奇妙
18. たとえばなし〔たとえ話〕（名词） 比喻的话
19. ナプキン（名词） 餐巾
20. むき〔向き〕（名词） 朝，向
21. どうとう〔同等〕（名词） 同等，同样
22. ふと（副词） 突然
23. ねっこ〔根っ子〕（名词）（俗语） 根，残根，桩
24. しくみ〔仕組み〕（名词） 构造，结构，计划，企画
25. りゅうし〔粒子〕（名词） 粒子，颗粒，微粒
26. そりゅうしろん〔素粒子論〕（名词） 素粒子论
27. みちすじ〔道筋〕（名词） 道路，路线，条理，道理
28. かおり〔香り〕 香味
29. そっくり（副词） 完全，全部，一模一样
30. せいふ〔正負〕（名词）（数） 正号和负号，正负
31. みあたる〔見当たる〕（五自） 发现，找到
32. むきあう〔向き合う〕（五自） 相对，面对面
33. えんどおい〔縁遠い〕（形容词） 关系不大
34. ちてきこうきしん〔知的好奇心〕（名词） 聪明，智慧，智谋的，好奇心
35. ねざす〔根差す〕（五自） 生根，扎根

36. ゆがわひでき〔湯川秀樹〕（人名）　汤川秀树
37. あさながしんいちろう〔朝永振一郎〕（人名）　朝永振一郎
38. しょうちょう〔象徴〕（名词，他サ）　象征
39. けいしょうしゃ〔継承者〕（名词）　继承人
40. ふりかえる〔振り返る〕（五他）　回头看，回顾
41. さいげつ〔歳月〕（名词）　岁月
42. きずく〔築く〕（五他）　筑，建筑，建设
43. よみとる〔読み取る〕（五他）　读懂，推测
44. アイデア（名词）　理想，想法，念头
45. はたけちがい〔畑違い〕（名词）　非本专业，不是本行
46. ちょうでんどう〔超伝導〕（名词）　超导
47. タコツボ〔蛸壷〕（名词）　捕捉章鱼的罐子
48. おちいる〔陥る〕（五自）　陷入
49. せいか〔声価〕（名词）　声价，声誉
50. うらづける〔裏付ける〕（下一他）　证据，保证
51. いずれも（副词）　都
52. いっちょういっせき〔一朝一夕〕（名词）　一朝一夕，一时半刻
53. しや〔視野〕（名词）　视野
54. いきがながい〔息が長い〕（连语）　寿命长
55. かかす〔欠かす〕（他五）　遗漏，缺少
56. かいきょ〔快挙〕（名词）　快举，壮举
57. メッセージ（名词）　信息，问候
58. はっしん〔発信〕（名・自サ）　发信，发报

二、文型

1.　～ているうちに

“うち”是形式名词，表示一段时间之中。该句型表示在进行一种动作当中，期间。/“在……当中（之中）”。

△　迷っているうちに誰かが右を選べば、みんな右をとる。

△　王さんの話を聞いているうちに、彼の考え方がわかった。

△　生徒が答えているうちにベルが鳴った。

2.　～がする

"～がする"多接在"声、音、匂い、気"等一类名词词下面。表示耳、口、鼻、皮肤等五官感觉到的意思。/"觉得有……"。

△　小林さんと益川さんの研究は宇宙の対称性の破れに迫るもので、ＳＦの香りがする。

△　人の声がしましたよ。

△　寒気がする。

3.　～までに

"～までに"接在体言，用言连体形下面。表示时间的界限点。"まで"是副助词和格助词"に"重叠。/"……以前"。"到……时候为止"。

△　理論が予想する粒子は90年代までに見つかった。

△　五時までに集まってください。

△　お母様は出発までに彼に会いたいと言った。

三、文章理解のポイント

1. 2008年に日本の何人の科学者がノーベル賞を受賞しましたか。誰と誰ですか。
2. ノーベル賞を受賞した日本人の科学者はそれぞれ何の分野でどんな理論を研究しましたか。
3. 「紙と鉛筆」の科学とは何の意味ですか。
4. この受賞からは今日の科学に対するいくつもの教訓はなんでしょうか。
5. 今年受賞された三人はどんなメッセージを発信していますか。

第三十一課　旅

長い梅雨が明けた途端に、不意打ちのような猛暑。せめて一日くらい避暑地気分を味わいたい。涼を求めてＪＲ中央線を西に向かった。

青梅線から五日市線乗り継いで、終点の武蔵五日市駅へ。駅からタクシーで 20 分あまり、秋川渓谷を通り過ぎて、行き着いたのは「大岳鍾乳洞」の看板だ。

ここは東京都内にある数少ない鍾乳洞のひとつで、都の天然記念物にも指定されている。受付で入場料 500 円を払って洞の前に立つと、狭い入り口から冷風が吹き付けてくる。身をかがめて入ると、ひんやりと涼しい。

白熱灯に照らされた岩肌は複雑な陰影を描き、頭上から水が滴り落ちる。迷路のような洞内を這うように進み、外へ出たら、温度差で眼鏡が真っ白に曇った。上って下ってわずか 30 分の道中だが、異世界から戻ってきたような気分だ。

「主人がこの鍾乳洞を見つけたんですよ」。受付にいた田中ユキさん（92）が話す。夫の雄嘉造さんが 46 年前に鍾乳洞を発見し、この天然の造形を見学者に開放してきた。

雄嘉造さんは 6 年前に亡くなったが、ユキさんはいまも毎日この受付に立つ。傍らには見学に来た保育園児たちの寄せ書きや写真が飾られる。

「ここにいると、お客さんたちが『おばあちゃん、元気で百歳まで生きてよ』と言ってくれるのがうれしくてね」

洞穴を満喫したら、今度は緑の中を歩きたくなって、青梅線の御嶽駅へ。

駅前からバスとケーブルカーを乗り継ぎ、杉の木立しばらく歩くと、武蔵御嶽神社に。門前には宿坊や休憩所が立ち並ぶ。紀元前に創建されたという山岳信仰の拠点でここが御岳山の山頂でもある。急な石段を上り、拝殿に参拝してから山道へと向かう。強い陽光も木々の緑に遮られ、セミの鳴き声や鳥のさえずりが絶えないのに、なぜか山中では静けさを感じる。

鎖を頼りに巨岩を上る「天狗岩」、ハシゴのような急な階段を百段以上も下がる「七代の滝」などに寄り道しながら、進んでいくと、山中に突然、「御岳岩石園」掘られた石垣が現れる。ここから先は、1935 年に当時の東京府が整備した歴史ある遊歩道で、現在は「ロックガーデン」と呼ばれている。丸太の橋や飛び石で川の上を行きつ戻りつ、道は流れをさかのぼるように進む。川岸に、水中に、大小のこけむした岩が転がり、まさに「岩石園」の風格。

休憩をはさみつつ数十分、登りつめた先に「綾広の滝」がある。落差は 10 メートルほどと小規模だが、修行の場でもあり、頭から滝に打たれる滝行を体験させてくれる宿坊もある。滝つぼからあふれた清水が流れ落ちる様を見ていると、単なる登山者でも厳粛な気持ちになってくる。手を伸ばすと、水はしゃきっとするほど冷たかった。

御嶽駅に戻って帰途に着くと、上り列車は青梅止まりだった。せっかくなので途中下車してみる。

青梅は「昭和の町」による町おこしに取り組んでおり、通りのあちこちに古い映画の看板が飾られている。看板や昔のジオラマ模型を飾った「昭和の幻燈館」、下駄菓子のパッケージやジュース缶などを集めた「昭和レトロ商品博物館」などの小ミュージアムの中で異彩を放つのは青梅赤塚不二夫会館。赤塚さんが青梅に住んだことはないのだが、「昭和を代表する漫画家ですし、上京前に新潟で映画館の看板を描いていたというご縁もあって、協力してくださいました」とスタッフの川本洋輔さん。赤塚さんの原画や、仲間の漫画家たちと若き日をすごしたトキワ荘のジオラマを眺めると、確かにこれは昭和の象徴に違いないと実感。

都心から電車で2時間程度の近場だが、洞穴、森、昭和とさまざまな別世界が待っている。東京は奥が深い。

〔読売新聞2007年8月15日〕

一、単語

1. ふいうち〔不意打ち〕(名・副)　突然袭击
2. せめて(副)　至少、起码
3. ひしょち〔避暑地〕(名词)　避暑地
4. あじわう〔味わう〕(他五)　品尝、玩味
5. りょう〔涼〕(名词)　清凉
6. あおうめせん〔青梅線〕(铁道名)　青梅线
7. いつかいち〔五日市〕(地名)　五日市
8. むさし〔武蔵〕(地名)　武藏
9. あきかわけいこく〔秋川渓谷〕(河名)　秋川溪谷
10. おおだけしょうにゅうどう〔大岳鍾乳洞〕(地名)　大岳钟乳洞
11. うけつけ〔受付〕(名词)　前台
12. ふきつける〔吹き付ける〕(他一)　狂吹、喷出
13. かがめる〔屈める〕(他一)　(把腰)弯下去
14. ひんやり(副词)　清凉貌
15. はくねつとう〔白熱灯〕(名词)　白炽灯
16. てらす〔照らす〕(他五)　照耀、照射
17. いわはだ〔岩肌〕(名词)　岩石表面
18. いんえい〔陰影〕(名词)　阴影
19. ずじょう〔頭上〕(名词)　头上、上面
20. したたる〔滴る〕(自五)　滴水
21. はう〔這う〕(他五)　爬行
22. みちなか〔道中〕(名词)　道路中央
23. おかぞう〔雄嘉造〕(人名)　雄嘉造

24. かたわら〔傍ら〕(名・副)　旁边、一面……一面
25. よせがき〔寄せ書き〕(名词)　集体签名
26. どうけつ〔洞穴〕(名词)　洞穴
27. まんきつ〔満喫〕(名・他サ)　饱尝、充分领略
28. みたけえき〔御嶽駅〕(站名)　御岳站
29. ケーブルカー(名词)　索道车
30. のりつぎ〔乗り継ぎ〕(名词)　换乘
31. こだち〔木立ち〕(名词)　路边的树
32. しゅくぼう〔宿坊〕(名词)　客栈
33. たちならぶ〔立ち並ぶ〕(自五)　排队
34. さんがくしんこう〔山岳信仰〕(名词)　山岳崇拜
35. はいでん〔拝殿〕(名・他サ)　参观
36. セミ〔蝉〕(名词)　蝉
37. さえずり〔囀り〕(名词)　(鸟)鸣、歌唱
38. くさり〔鎖〕(名词)　锁
39. ハシゴ〔梯子〕(名词)　梯子
40. よりみち〔寄り道〕(名词)　近道
41. みたけがんせきえん〔御岳岩石園〕(地名)　御岳山石园
42. いしがき〔石垣〕(名词)　石墙
43. ゆうほどう〔遊歩道〕(名词)　观光道
44. ロックガーデン(名词)　石头花园
45. まるた〔丸太〕(名词)　园木
46. こけむす〔苔むす〕(自五)　长苔
47. のぼりつめる〔登りつめる〕(他五)　爬到顶
48. しゅうこう〔修行〕(他サ)　修行
49. たきゆき〔滝行〕(名词)　漫游瀑布
50. しゃきっと(副词)　精神畅快
51. のぼりれっしゃ〔上り列車〕(名词)　上行列车
52. まちおこし〔町興し〕(名词)　发展城镇经济
53. げんとうかん〔幻燈館〕(名词)　幻灯馆

54. げたかし〔下駄菓子〕（名词）　　粗制糕点
55. パッケージ（名词）　　包装盒
56. レトロ（名词）　　怀古、怀旧
57. ミュージアム（名词）　　博物馆
58. あかつかふじお〔赤塚不二夫〕（人名）　　赤冢不二夫
59. かわもとようすけ〔川本洋輔〕（人名）　　川本洋辅
60. トキワそう〔トキワ荘〕（名词）　　常盘山庄
61. ジオラマ（名词）　　地球全景图

二、文型

1. ～たとたんに

表示前项动作完成的一瞬间发生了后项的动作或事态。/刚一……的时候……。正当……的时候……。

△　長い梅雨が明けた途端に、不意打ちのような猛暑。

△　犯人が旅館から出たとたんに警察に捕えられた。

△　電車を降りた途端に、傘を置き忘れたのに気づいた。

2. ～に向う

朝着某方向移动。/朝着……去。往……去。向……去。

△　涼を求めてＪＲ中央線を西に向かった。

△　選手はゴールに向かって全速力で走った。

△　飛行機は成田からパリに向かった。

3. ～にいる

表示（人和动物）在某处，（某处）有。

△　受付にいた田中ユキさんが話す。

△　こういう小鳥は日本にたくさんいる。

△　母は台所にいる。

4. ～に立つ

（人、動物、物）＋が／は（場所）に立つ。表示“立，站立，竖立”。

△　ユキさんはいまも毎日この受付に立つ。

△　彼女は私のそばに立った。

△　熊は後ろ足で立った。

5.　～に取り組む

表示致力于、努力做某种事业。

△　青梅は「昭和の町」による町おこしに取り組んでおり、通りのあちこちに古い映画の看板が飾られている。

△　あの医者は長い間伝染病に取り組んできた。

△　誰でも仕事に真剣に取り組んでいるときは、美しく見えるものだ。

6.　副助词「くらい／ぐらい」の使い方：

①示程度、分量。/“大概”。“大约”。“左右”。

△　長い梅雨が明けた途端に、不意打ちのような猛暑。せめて一日くらい避暑地気分を味わいたい。涼を求めてＪＲ中央線を西に向かった。

△　一時間ぐらいは待とう。

△　あなたは毎月いくらぐらいお金を使っていますか。

②表示限度，举出一个最起码的、最低程度的、分量最轻的事项，有时带有轻视的语气。

△　両親にぐらい話しておくべきだ。

△　私も英語くらいなら何とか話せる。

△　寝坊をした時でも、顔ぐらいは洗っていきなさい。

7.　终助词「よ」の使い方：

①用于句末，起强意作用。「よ」如果直接接在名词、形容动词词干、或助词后面时，是女性用语。

△　「ここにいると、お客さんたちが『おばあちゃん、元気で百歳まで生きてよ』と言ってくれるのがうれしくてね」

△　これは山田さんの本ですよ。

△　それを見てよ。

②表示怀疑、责难的语气。

△　なぜ、僕に教えてくれなかったんだよ。

△ 試験に失敗したぐらいは何だよ。泣くやつがあるかい。

△ どうしたのよ。みんな急に黙っちゃって。

③表示命令、请求。

△ 遅くなるから、早く行けよ。

△ そう人に聞いてばかりいないで、すこしは自分で考えろよ。

△ 気をつけて帰りなといよ。

8. 副助词「か」の使い方：

①接在疑问词、不定词后面，表示不定。

△ 強い陽光も木々の緑に遮られ、セミの鳴き声や鳥のさえずりが絶えないのに、なぜか山中では静けさを感じる。

△ なにかほしいものはありますか。

△ 本当に困ったら誰かが助けてくれるだろう。

②接在疑问词以外，表示不确切的推断。

△ あの人は田中さんとかいう人です。

△ 時間が早すぎたのか、会場にはまだ誰も来ていない。

△ 寝不足のためか、頭が痛い。

③表示选择。通常并列两个事物，用“……か……か……”

△ 土曜日か日曜日に伺います。

△ 今度のクラス幹事は木下君か山下君かでしょう。

△ ご飯にするかマントにするか、早く決めたまえ。

9. 句型「……つ……つ」：

「つ」是文语残留，接在动词连用形下，只用于书面。「…つ…つ」相当于「…たり…たり」。表示以相关或相反的两个词重复的形式表示交替的动作或行为。

△ 丸太の橋や飛び石で川の上を行きつ戻りつ、道は流れをさかのぼるように進む。

△ 家の前を行きつ戻りつする。

△ 見えつ隠れつ、ずっと後ろをつけて行った。

10. 接续助词「つつ」の使い方：

接动词连用形。表示同一主体的两个动作或行为同时进行。或同

一主体的前项动作伴随后项。在口语中用“…ながら”。/一边……一边。

△ 休憩をはさみつつ数十分、登りつめた先に「綾広の滝」がある。

△ 酒を飲みつつ、月を眺める。

△ 子供を教育するには、興味を持たせつつ、指導していくことが大切だ。

11. 接续助词「ので」の使い方：

接用言连体形、体言な。表示某种客观原因自然产生的结果，前后项结合紧密，强调的重点在后项。/因为……。由于……。

△ せっかくなので、途中下車してみる。

△ ここが不便なので、引っ越すことにした。

△ 風を引いたので、会社をやすみました。

12. 接续助词「し」の使い方：

接用言终止形。

①表示原因或理由。

△ 赤塚さんが青梅に住んだことはないのだが、「昭和を代表する漫画家ですし、上京前に新潟で映画館の看板を描いていたというご縁もあって、協力してくださいました」とスタッフの川本洋輔さん。

△ 暗くなったし、そろそろ家に帰りましょう。

△ まだ若いだし、あきらめずにもう一度挑戦してみてください。

②表示相关联的事物的并列。/“既……又……”。“又……又……”。

△ このアパートは静かだし、日当たりもいい。

△ 昨日は食欲もなっかたし、少し寒気がしたので、早く寝た。

△ あの庭には池もあるし、山もある。

三、文章理解のポイント：

1. 「大岳鍾乳洞」はどこにありますか。誰が発見したのですか。

2. 「鍾乳洞」の中の風景を描いてください。

3. 「鍾乳洞」がある山中の静けさを描いてください。

4. 「昭和の象徴」とは何ですか。

5. 「東京は奥が深い」という言葉はどういう意味ですか。

第三十二課　家　族

義母が育てた花　家族皆で楽しむ

主婦　小原　公子　61（長野県駒ケ根市）

我が家の狭い庭は今、アヤメなど初夏の花で花盛りです。どの花も今は亡き義母が植えてくれたものです。花が大好きだった義母は鉢植えの花を買ってきて、しばらく楽しんでから、庭に植えていました。私と義母の間で時には波風の立った日もありました。しかし8年前に、突然逝ってしまったときには、ショックでした。悲しくて寂しい気持ちでした。今、花を眺めがなら、それらのことが遠い昔のことのように懐かしく思い出されます。

私も姑になりました。嫁は花好きで、義母が残した花を一生懸命、手入れしてくれます。

週末には、娘の家族を呼んで、皆で花を眺めながら、バーベキューをすることもあります。内孫や外孫が元気に庭を駆け回ります。新しい家族と触れ合うのは何よりうれしいことです。義母には、綺麗な花を残してくれてありがとう」と感謝しています。

妻を励ます孫に　心の成長感じた

無職　田村　光男　71（千葉県柏市）

先日、孫たちと香取市に出かけました。民家と民家を結ぶ12の橋をくぐり抜けながら水路を進む、加藤州十二橋（かとうすじゅうにきょう）巡りを楽しみました。

小船に乗り、水門の開門を待っていると、急に横波が立ち、小舟はざぶんざぶんと左右に大きく揺れました。舟底を叩く水の声も高く、「どうなってるの、この舟！」と妻は悲鳴をあげる始末でした。

すかさず、隣に座っていた、小学4年の孫が妻の肩を軽く打ち、「ばあちゃん、大丈夫よ。私がいるから」と和やかに話しました。普段は控えめな孫の言葉は、妻の琴線に触れたようで「あのおとなしい孫が、少し見ないうちに成長したものだ」と言いました。

孫は以前、人前に積極的に出ることも泣く、おとなしい性格でした。でも、徐々に社会性を身につけ自立していくものだと、私も感心しました。

妻と孫を見て、ますます家族で支えあう大切さを知りました。ほんの小さな旅行でしたが、家族と触れ合うことができました。心の交流を確認しあう貴重な旅となりました。

息子を怒るのは　母親の愛と責任

主婦　井上奈々子　32（奈良市）

「ママはいつも怒ってる」4歳の息子が訴える。確かに毎日、怒ってるなあと、自分でも思う。「誰が怒らせているの」と聞くと、「ぼく」と笑顔で答えるのだから困ったものだ。

「ママの怒り方は怖すぎるで」と夫が言う。でも、毎日繰り返す同じことで怒っているのだからあたりまえだ。夫のほうが怒るとよほど怖いと思う。「パパに言うよ」と注意すると、息子は「言わないで」と謝る。しかし、怒りすぎたなと反省することもしばしば。夫の場合は、そんな翌日、息子にお菓子などを買ってくる。私は、それほど甘くはないけど、ギュッと抱きしめるのを忘れないようにしている。

しつけが大事になってくる年頃だ。怒りんぼうのママはやめにしたいと思うが、親として責任がある。しかられる息子の方も大変だろうけど、嫌いで怒っているのではないからね。

〔読売新聞2007年6月17日〕

一、単語

1.　ぎぼ〔義母〕（名词）　　　　后妈
2.　アヤメ〔菖蒲〕（植物）　　　菖蒲

3. はちうえ〔鉢植え〕（名词）　盆栽
4. なみかぜ〔波風〕（名词）　风波、纠纷、风浪
5. いく〔逝く〕（自五）　去世
6. ショック（名词）　冲击
7. しゅうと〔姑〕（名词）　婆婆
8. ていれ〔手入れ〕（名词）　修理
9. バーベキュー（名词）　烤肉、烧烤
10. うちまご〔内孫〕（名词）　内孙
11. そとまご〔外孫〕（名词）　外孙
12. かけまわる〔駆け回る〕（自五）　到处乱跑
13. ふれあう〔触れ合う〕（自五）　互相接触
14. かとりし〔香取市〕（地名）　香取市
15. かしわし〔柏市〕（名词）　柏市
16. くぐりぬける〔潜り抜ける〕（自一）　钻过去、潜水过去
17. かとうすじゅうにきょう〔加藤州十二橋〕（名词）　加藤州十二桥
18. よこなみ〔横波〕（名词）　从侧面涌来的波浪
19. ざぶんざぶん（副词）　噗咚噗咚
20. すかさず（副词）　立刻、马上
21. ひかえめ〔控えめ〕（名词）　保守、客气
22. きんせん〔琴線〕（名词）　琴弦
23. いのうえななこ〔井上奈々子〕（人名）　井上奈奈子
24. ぎゅっと（副词）　紧紧地（握、按、闭）
25. だきしめる〔抱きしめる〕　紧紧地抱
26. しつけ〔躾〕（名词）　教养、教育
27. おこりんぼう〔怒りん棒〕（名词）　爱发脾气

二、文型

1. ～ものです

①对某事物表示出感叹，带有赞叹、惊讶等语感。/真……啊。

△　「ぼく」と笑顔で答えるのだから困ったものだ。

△　時がたつのは、本当に早いものだ。

△　知らない国を旅して、知らない人々に会うのは楽しいものだ。

②表示理所当然，理应如此。/应该……。要……。

△　親の言うものは聞くものだ。

△　女の人は女らしくするものですよ。

△　自分のことは自分でするものだ。

2.　～ながら

①表示同一主体的两种动作同时进行，或后项是在前项的状态下进行。/一边……一边……。

△　週末には、娘の家族を呼んで、皆で花を眺めながら、バーベキューをすることもあります。

△　天気がいいから、散歩しながら話し合いましょう。

△　余所見をしながら、運転するのは危険です。

②表示前后两项矛盾的事物的连接，前项为逆态条件。/虽然……但是……。尽管……却……。

△　中国人でありながら、中国の歴史をまったく知らない。

△　事件の真相を知っていながら、彼はなぜか語りたがらない。

△　このカメラは小型ながら、よく写る。

3.　～ことがある（こともある）

表示时常或有时发生的情况。/有时……。也有时……。

△　週末には、娘の家族を呼んで、皆で花を眺めながら、バーベキューをすることもあります。

△　彼は体が弱くて、ときどき病気することがある。

△　夕食の後、たいていテレビを見ますが、見ないで寝ることもあります。

4.　～ことができる

表示有可能或有能力做某事。/能……。会……。

△　ほんの小さな旅行でしたが、家族と触れ合うことができました。

△　このきのこは毒があって、食べることができません。

△　空気がなければ、動物も生きることができないし、植物も生えることができません。

5.　接尾語「方」

①方法、样子。

△　「ママの<u>怒り方</u>は怖すぎるで」と夫が言う。

△　この字の読み方を教えてください。

△　デジカメの使い方を知りません。

②（用于信封上，写在房东名之后）/由……转交。

△　「松本様方、田中様」

△　「福岡市新天町 33 番地　山本様方　田村弘子様」

6.　～すぎる

接在动词连用形、形容词・形容动词词干后面，表示超过某种限度或已经过时的意思。/过于……。过度……。太……。

△　「ママの怒り方は<u>怖すぎる</u>で」と夫が言う。

△　ゆうべ飲みすぎて頭が痛い。

△　肥料は適当に与えてください。やりすぎはかえってよくありません。

7.　～からね

说话人为了证明自己的主张正确或者让对方能接受对对方的要求、命令等，阐述自己主观认定的理由。/因为……所以……。

△　嫌いで怒っているのではない<u>からね</u>。

△　手紙より電話で知らせましょう。そのほうがはやいから。

△　みんな先に始めてください。私、片づけてからすぐ行きますから。

8.　～ようにしている

表示为实现前面所述的目标、目的而努力。/做到……。规定……。尽量……。

△　ぎゅっと抱きしめるのを忘れないようにしている。

△　彼女の機嫌を損ねることは言わないようにしている。

△　油ものは食べないようにしている。

9.　补助动词「てる／ている」の使い方：

①表示某种动作、作用的反复。

△　「ママはいつも怒ってる」と4歳の息子が訴える。

△　いま、週に一回英会話教室に通っている。

△　この川はしばしば氾濫を起こしている。

②接继续动词后面，表示动作仍在进行、正在进行的状态。

△　いま、子供たちは庭で遊んでいます。

△　五年前から、ずっと日本語を勉強しています。

△　父は新聞を読んでいる。

③表示动作的结果仍然保留的状态。

△　洗濯物はもう乾いている。

△　今五時だから、郵便局はもう閉まっている。

△　彼は先月末から北京へ行っている。

10.　终助词「な（あ）」の使い方：

①表示感叹。

△　確かに毎日、怒ってるなあと、自分でも思う。

△　うれしいな。

△　これはすまないことをしてしまったなあ。

②表示愿望。

△　こんな大きな家に住んでみたいなあ。

△　早く夏休みになるといいなあ。

△　もう十年若かったらなあ。

③表示肯定的语气。

△　あの声は田中さんの声ですなあ。

△　あすは晴れると思うなあ。

④表示禁止的语气。

△　芝居に入るな。

△　そんなにあわてるな。

11.　接续助词「から」の使い方：

接用言终止形。表示语言主体主观认定的原因或理由。后项多为表示命令、希望、推测、意志等主观性较强的句子。/因为……所以……。

△ 「誰が怒らせているの」と聞くと、「ぼく」と笑顔で答えるのだから困ったものだ。

△ 星が出ているから、明日もきっといい天気だろう。

△ 寒いから、窓を閉めてください。

12. 补助动词「てくる」の使い方：

接动词的连用形。

①表示事物的状态随时间由远而近的发展趋向。

△ しつけが大事になってくる年頃だ。

△ 電車の中はだんだん込んできた。

△ 男は年をとるにしたがって、洗練されてくる。

②表示动作由远而近的移动。

△ 子供たちは遠くから走ってきました。

△ 大きな石が崖から落ちてきた。

△ 頂上から戻って来るのに、一時間かかります。

③表示动作或状态从过去一直持续到现在。

△ 私は若いときから、「読売新聞」を読んできた。

△ 今日まで我慢に我慢を重ねてきた。

△ 彼は今までみんなに軽蔑されながら生きてきました。

三、文章理解のポイント

1. 義母が育てた花から、家族のなにを呼びかけているか。
2. 人生の貴重な旅となるのは何ですか。
3. 母親の愛と責任は何でしょうか。
4. どのように調和のある社会が実現できますか。

第三十三課　人類持続へ挑戦する場　国際宇宙ステーション

国際宇宙ステーション計画は、日本、米国、ロシア、カナダ、欧州の各宇宙機関に属する 16 カ国が参加する壮大な国際プロジェクトだ。スペースシャトル事故や、想定していなかったロシアの参加などにより、最初の予定より 15 年以上も遅れたが、ようやく建設の最終章に入る。

今年中に欧州の実験施設、来年にも日本の実験施設が本体に接続されれば建設は完成する。これまで地上管制は、米国に依存していたが、来年からは宇宙航空研究開発機構の、つくば宇宙センターからも行われる。ヒューストン（米国)、モスクワ（ロシア)、ケロン（ドイツ）と合わせて計 4 ヵ所のセンターで地上管制を担う。宇宙に向けて「こちらヒューストン」ならぬ「こちらツクバ」が世界中で聞かれるのも間近だ。

現在、急ピッチで地上管制の模擬訓練が行われているが、それに参加したときに、宇宙ステーション建設の最も重要な意義に気づかされた。将来直面するであろう地球規模での環境問題を解決するための模擬訓練そのものだということである。

科学技術の進歩によって人類は地球を外から客観的に見ることができるようになった。いままでは見えなかった限界が現実としてやってくることが科学的にわかってきた。地球環境と物質およびエネルギーバランスを解決し、国、政治、宗教、経済、文化などの問題をうまく調整しなければ、人類という地球生命はそれほど長く存続できない。

一方、宇宙ステーションは、宇宙飛行士 6 人がぎりぎりの条件下で生き、将来人類に役に立つ何かを生み出すための実験空間である。それはまさに今後地球で起きるであろう様々な問題をあらかじめ想定して訓練しているように見える。

例えば住居や仕事をする空間は日、米、露、欧の 4 ヵ所の施設に区分されるが、空気、水、熱、電力は共有する。つまり運命共同体である。宇宙飛行士の国籍は様々だが、船長を中心に一致協力して危機管理を行う。

地上管制の模擬訓練は宇宙ステーションの設備に不具合が生じたという想定で行う。複数の不具合が発生した場合、スペースシャトルの飛行では米国が危機管理上の優先順位を決めてきたが、宇宙ステーションでは 4 ヵ所の地上センターが納得するものでなければならない。しかも、自分たちに有利になるように、センター間で様々駆け引きが行われる。

重要なのは個々の問題の解決策を探りながら、宇宙ステーション全体が生き延びられるように全体像を把握することだ。これは、地球環境を考える時も同じだ。そのためには、事実に基づく科学技術データを持っているか、解決へのシナリオを提供できるかどうか、ほかのセンターを納得させる説明および交渉能力があるかどうかが重要だ。

「環境立国」を目差す日本は、地球環境問題について世界のリーダー役を果たそうとしている。そのためにも、宇宙ステーションでこうした能力を育成する訓練を積むべきだ。

宇宙ステーションは多額の予算を投入する巨大プロジェクトである。参加国は国民を納得させる大儀名分を必要としている。地上では不可能な科学実験を行い、将来の宇宙工場へつなげようという当初の目標は時代とともに色あせた。宇宙の特殊性を想定した小さな目標をいくら並べても、国を越えた説得力を持つまでにならない。人類の持続可能をかけて各国が挑戦する場という意義にもっと目を向けるべきだ。

〔読売新聞 2007 年 8 月 15 日〕

一、単語

1. ステーション（名词）　　　基地、站

2. スペースシャトル（名词）　　（美国宇宙飞船）挑战者号
3. さいしゅうしょう〔最終章〕（名词）　最后阶段、最后章节
4. ほんたい〔本体〕（名词）　主体
5. つくばうちゅうセンター〔筑波宇宙センター〕（名词）
　筑波宇宙中心
6. ヒューストン（地名）　休斯顿
7. モスクワ（地名）　莫斯科
8. ケロン（地名）　科隆
9. まぢか〔間近〕（名・形动）　临近、接近
10. ピッチ（名词）　速度
11. もぎくんれん〔模擬訓練〕（名词）　模拟训练
12. エネルギーバランス（名词）　能源平衡
13. そんぞく〔存続〕（名・自サ）　存续
14. こくせき〔国籍〕（名词）　国籍
15. ふぐあい〔不具合〕（名词）　有问题、有情况
16. ゆうせんじゅんい〔優先順位〕（名词）　优先顺序
17. かけひき〔駆け引き〕（名词）　加紧、快速
18. いきのびる〔生き延びる〕（自一）　延长寿命
19. シナリオ（名词）　方法、说明书
20. たがく〔多額〕（名词）　大额
21. たいぎめいぶん〔大儀名分〕（名词）　大义名分
22. せっとくりょく〔説得力〕（名词）　说服力
23. ちょうせん〔挑戦〕（他サ）　挑战

二、文型

1. ～に属する

属于、归属。

△ 国際宇宙ステーション計画は、日本、米国、ロシア、カナダ、欧州の各宇宙機関に属する16カ国が参加する壮大な国際プロジェクトだ。

△　人間は哺乳類に属する。

△　それはもう旧聞に属することだ。

2.　～に依存する

依存、赖以生存。

△　これまで地上管制は、米国に依存していたが、来年からは宇宙航空研究開発機構の、つくば宇宙センターからも行われる。

△　海外の資源に依存する。

△　彼は大学を卒業した後も、仕事もしないで、親に依存している。

3.　～に参加する

参加、加入。

△　現在、急ピッチで地上管制の模擬訓練が行われているが、それに参加したときに、宇宙ステーション建設の最も重要な意義に気づかされた。

△　9月の日本語国際研修会に参加する予定です。

△　北京日帰り旅行に参加する人は明日までに申し込んでください。

4.　～に役に立つ

对……有用、有益。

△　一方、宇宙ステーションは、宇宙飛行士6人がぎりぎりの条件下で生き、将来人類に役に立つ何かを生み出すための実験空間である。

△　研究に役に立つ資料がほしいです。

△　若いときのスポーツは、健康に役に立つと思う。

5.　～う／ようとする

接动词意志形下，表示正要进行某个动作。肯定形可以用于第一人称和第三人称，用于第一人称时表示说话人的意志，用于第三人称时表示动作主体有进行某个动作的征兆。/正要……。想要……。

△　「環境立国」を目差す日本は、地球環境問題について世界のリーダー役を果たそうとしている。

△　学生たちはいま列を作って教室に入ろうとしている。

△　いくら説明しても、彼女は私の話を信じようとしない。

6.　～を必要としている

“必要”本来是名词，用“～を～としている”的形式把其变为动词性质。/需要……。

△　参加国は国民を納得させる大儀名分を必要としている。

△　入学申し込みは保証人を必要とする。

△　現在、大学の先生になるには、博士号を必要とする。

7.　～（まで）になる

“になる”是表示事情、状态发生变化的常用句型，“まで”表示程度。

△　宇宙の特殊性を想定した小さな目標をいくら並べても、国を越えた説得力を持つまでにならない。

△　早いですね。私の娘がもう3人の子の母親になっています。

△　氷が溶けて水になる。

8.　意志推量助动词「う、よう」の使い方：

「う、よう」接在活用词意志形后面，其中う接在五段动词、形容词、形容动词后面，よう接在五段动词以外动词后面。

①表示推量。

△　将来直面するであろう地球規模での環境問題を解決するための模擬訓練そのものだということである。

△　あうあたりから天気がよくなろう。

△　その中、春も来よう。

②表示意志，主要表示说话人的意志。

△　頭が痛いから、学校を休もう。

△　休みに読もうと思って参考書を買ってきた。

△　今度こそ頑張ろうと決心した。

③表示劝诱、希望、号召。

△　山田君、一緒に図書館へ行こう。

△　みんなで相談しようじゃないか。

△　あの映画を見ましょうね。

三、文章理解のポイント

1. 日本では地上管制は来年から誰が行われますか。
2. 地上管制の模擬訓練は何のための訓練をすべきですか。
3. 現在人類はどんな問題をうまく調整しなければならないのですか。
4. 宇宙ステーションでは、何が納得するものでなければなりませんか。それはなぜですか。
5. 日本は「環境立国」を目指すために、何をすべきですか。

第三十四課　高まる私立中進学熱
グローバル化も一因に

ポイント：

- 私立志向の理由は公立不信だけではない
- 私立進学熱放置すれば階層固定化の恐れ
- 公立校の学校選択制だけでは不十分

首都圏での今年の私立中学受験者数が 5 万人を越えるなど、私立や国立中学（以下では私立中学と称する）受験熱が高まりを見せている。これには、近年の「ゆとり教育」導入を契機とした公立中学不信が背景にあるように言われているが、データを時系列的に追うとそれだけが原因ではない。以下で経済学の立場からこの問題を分析したい。

東京都の公立小学校卒業者数は、1985 年の 17 万人をピークにその後減少し、2005 年では 9 万人弱となった。他方、公立小からの私立中学進学者数は、八五年に 13000 人だったが、1993 年に 15000 千人を越えた。その後 2000 年初頭には 14000 千人強まで漸減したが、そこからふたたび増加、2005 年には 15000 千人にまで戻っている。

小学校卒業生が減ることは、私立中学を選択する比率が変わらなければ入学者数が減少することを意味し、私立中学校にとっては死活問題であったはずだ。しかし、年額 70 万円程度の学費が必要になるにもかかわらず、私立中学選択比率は高まっていった。

東京都区部と市部に分けた公立小学校からの私立中学の進学率の推移を見ると（図）、区部の進学率は、八〇年代後半のバブル期に 10%から 15%へと大きく伸び、九〇年代以降伸びは緩やかになったが、2005 年には 20%を越えた。市部についても同様で、〇五には 12%を越えている。東京都全体では、同年で 17%の進学率である。

この期間、私立小学校入学者は3〜5%程度あり、彼らはたいてい同系列の私立中学に進学するので、東京都全体では現在四分の一弱が私立中学に通っていることになる。

なぜ首都圏の私立進学率がこうした上昇を示してきたのか。筆者は公教育の質に関する親の不満の増加だけではなく、大卒・高卒間の賃金格差の拡大が大きいと考える。

三十歳代前半および後半の男性労働者の、大卒・高卒間の賃金格差を図で見てみよう。子供が小学校在学中で中学受験を考える親の世帯がこの世代だ。彼らが子供の中学を私立にするか公立に進ませるか考える際、自分の経験を参考にするはずだ。自分の世代の賃金格差が大きければ、子供の大学進学の可能性を高めようと私立中学に進学させるだろう。

実際、三十歳代前半、後半とも、八十年代後半から賃金格差は拡大している。実は、九十年代における若年労働者の大卒・高卒間賃金格差の拡大は、米国や英国、カナダでも観測されている。

なぜ、三十歳代男性の賃金格差が拡大してきたのか。

第一の理由として、経済のグローバル化と知識社会化が考えられる。経済のグローバル化で、主として高卒などの労働者が担ってきた製造業でのブルーワーカーの仕事が途上国に移転した。また貿易自由化の進展で、農林水産業での雇用も縮小してきた。その結果、国際競争にさらされていないサービス業が高卒労働者の受け皿となり、生産性の伸びが低いことを反映して賃金の伸びも抑制された。

金融技術の発展やＩＴ（情報技術）革命などの技術革新の影響もある。こうした技術革新を開発し使うことができる労働者の需要が高まり、大卒労働者の需要が上昇した。これらの理由で、大卒・高卒間賃金格差が拡大したのだ。

第二の理由として、1985年以降三十歳代の大卒男子労働者の需要に比べ、供給が相対的に少なかったため、賃金格差が拡大したことが考えられる。男性の四年制大学進学率は七〇年代前半に生まれた団塊ジュニア世代が大学に進学する八〇年代後半から九〇年代はじめは35%台で低迷、その後上昇し2007年では50%を超えた。他方、女性の大学進学率は1986年の12%強から2007年の40%強まで一貫して上昇し続けてきた。

その結果、同じ三十歳代でも、大卒労働者の高卒労働者に対する相対的な供給が少なかった男性労働者の賃金格差は拡大した。一方、相対的な供給が多かった女性労働者の賃金格差は、男性と比べると拡大幅は小さかった。

いずれにしても、中学生の親世代の賃金格差拡大が私立中学進学率の上昇の理由の一つであることは間違いない。

もちろん、公教育に対する親の不満も、確かに私立進学率上昇の理由の一つだろう。八〇年代前半は、団塊ジュニア世代が次々と中学生となった結果、公立中学が過密になり、様々な問題が生じて「荒れる公立中学」として報道された。これが教科書内容削減や教育時間削減をする理由の一つにあげられ、「ゆとり教育」導入つながってきた。

図でも八〇年代後半に私立中学進学率が急増していることが見て取れるが、これは、八〇年代前半「荒れる公立中学」の印象が強く、これを避けようとしたことが理由として想定される。同時に、この時期はバルブ期で、所得も急速に伸びたので学費の負担も高く感じられなかった。

バブルが崩壊して、家計所得が減少すると同時に、公立中学に落ち着きが戻った1990年以降も、私立中学進学率はなお伸びている。1985年以降一貫して、公立中学生徒一人当たりの公的な教育支出が増加するとともに、教員一人あたりの生徒数が減少するなど、公立中学の教育環境が改善された。他方、この時期は、学校週休二日制の順次導入に伴い、1989 年、1992 年と順次授業時数が減り、2002年の「ゆとり教育」導入に伴なう指導要領の改訂では、、三年間の授業時数が三千百五十時間から二千九百四十時間へと減らされ、特に数学の学習内容が三割カットされた。

図でそれまで 10%程度で比較的落ち着いていた私立進学率が

1999年から再び伸びているのは、1998年に「ゆとり教育」の方針が公にされたことが、原因の一つだろう。

賃金格差は近年も拡大傾向にあり、私立進学熱は今後も高まるだろう。しかし、それを放置していくことは、私立の学費を払える豊かな社会階層の子供のほうが将来高賃金を得る可能性も高いという意味で、社会階層の固定化につながる。教育の機会均等の実現のためにも、公立中学でも十分な学力がつくことを保障すべきである。

ただ現状ではそれに向けた取り組みはまだ不十分だ。東京では、公立中学校の授業改善や、学校選択制、公立中高一貫校などの教育改革が進められた。特に私立中学進学率が低い北部や東部の区を中心に、2000年以降学校選択制が順次導入され、現在では十八区で導入されている。筆者の研究室では、二十三区中ニ十一区の区立小学校別の私立中学進学者数を用いて、学校選択制が私立中学進学率に与えた影響を検証した。

その結果、学校選択制の導入は全体では、私立中学への進学率を抑えることがわかった。しかし、管理的職業や専門的職業など、高学歴・高所得の住民の比率が高い学校区では、学校選択制の導入で逆に私立進学率が上昇した。他の学区からの通学者が増え、全体的な学力が下がることが懸念されたからだろう。

同様な事実は「聡明（そうめい）」な子の逃避」と呼ばれ、米国の学校選択制導入などでも報告されている。学校選択制は公立間の学力格差を縮めるが、「聡明な子の逃避」を招き、私立、公立間の学力格差を拡大させる可能性がある。

教育の機会均等を実現し社会階層の固定化を防ぐには、学校選択制だけでは不十分だ。

公立中学の教育改革による学力保障をさらに進め、公立の中学や高校からでもきちんと大学に進学できる可能性を高めなければいけない。それには、成績上位層の学力をさらに伸ばすため、進学塾と連携してた有料授業を設ける杉並区の和田中学の「夜スペ」のような、公立中学の自由な発想に基づく自主的な学力向上の活動を応援すべきだろう。公立学校間の格差より公立・私立学校間の格差の方がより重大な問題なのだ。

〔日本経済新聞 2008 年 5 月 28 日〕

一、単語

1. つくばだいがく〔筑波大学〕（名词）　筑波大学
2. ほうち〔放置〕（名・他サ）　放置
3. かいそうこていか〔階層固定化〕（名词）　阶层固定化
4. おそれ〔恐れ〕（名词）　可能性、恐怕
5. せんたくせい〔選択性〕（名词）　选择性
6. じゅけんしゃ〔受験者〕（名词）　考生
7. ゆとりきょういく〔ゆとり教育〕（名词）　宽松教育
8. けいき〔契機〕（名词）　契机
9. じけいれつ〔時系列〕（名词）　时间顺序、时间系列
10. ピーク（名词）　高峰、最高值
11. しょとう〔初頭〕（名词）　开始、初叶
12. ぜんげん〔漸減〕（名・自サ）　逐渐减少
13. ひりつ〔比率〕（名词）　比率
14. しかつもんだい〔死活問題〕（名词）　生死问题
15. すいい〔推移〕（名词）　推移
16. バブル（名词）　泡沫
17. ゆるやか〔緩やか〕（形动）　缓慢
18. どうけいれつ〔同系列〕（名词）　同一系列
19. かよう〔通う〕（自五）　上（学、班）
20. ざいがくちゅう〔在学中〕（名词）　在学中
21. せたい〔世帯〕（名词）　世代
22. かんそく〔観測〕（名・他サ）　观测
23. しゅくしょう〔縮小〕（名・他サ）　缩小
24. さらす〔晒す〕（他五）　晒、让风吹雨打
25. うけざら〔受け皿〕（名词）　托盘、接收者

26. よくせい〔抑制〕（名・他サ）　　抑制
27. そうたいてきに〔相対的に〕（形动）　　相对地
28. だんかいじゅにあせたい〔団塊ジュニア世代〕（名词）
指1971-1974年出生的人。（'团块'是指，日本在上世纪70代初经济高度成长时期大量建造的像火柴盒样的住宅，在那里出生的孩子被称为"团块少年世代"）
29. ていめい〔低迷〕（名词）　　低迷、不景气
30. いっかん〔一貫〕（名・自サ）　　一贯
31. しょうじる〔生じる〕（自一）　　发生、产生
32. あれる〔荒れる〕（自下一）　　荒废、颓废
33. ほうかい〔崩壊〕（名・自サ）　　倒塌、消失
34. おちつき〔落ち着き〕（名词）　　安稳、放心
35. じゅんじ〔順次〕（名词）　　顺序
36. へらす〔減らす〕（他五）　　减少、消减
37. カット（名・他サ）　　砍掉、去除
38. きかいきんとう〔機会均等〕（名词）　　机会平等
39. おさえる〔抑える〕（他一）　　抑制
40. つうがくしゃ〔通学者〕（名词）　　上学者
41. そうめい〔聡明〕（形动）　　聪明
42. とうひ〔逃避〕（名・他サ）　　逃避
43. ちぢめる〔縮める〕（他一）　　缩小
44. まねく〔招く〕（他五）　　招致、引起
45. ふせぐ〔防ぐ〕（他五）　　防止
46. じょういそう〔上位層〕（名词）　　上位层、优秀部分
47. しんがくじゅく〔進学塾〕（名词）　　升学塾、升学补习学校
48. れんけい〔連携〕（名・他サ）　　联合、协作
49. すぎなみく〔杉並区〕（地名）　　杉并区
50. わだ〔和田〕（地名）　　和田
51. よるスペ〔夜スペ〕（名词）　　夜间补习班

二、文型

1. ～を契機とする

以某个事情为契机或者转折点，主句多表示积极的动作或者好的状态。/以……为契机……。

△ これには、近年の「ゆとり教育」導入を契機とした公立中学不信が背景にあるように言われているが、データを時系列的に追うとそれだけが原因ではない。

△ サッカーのワールドカップを契機として、韓国との文化交流が進んでいる。

△ 入社後三年にして部長に大切な仕事を任されたのを契機として、彼は人が変わったようにまじめに働きだした。

2. ～に戻る

表示回到原来的地方、状态。

△ その後2000年初頭には14000千人強まで漸減したが、そこからふたたび増加、2005年には15000千人にまで戻っている。

△ もう一度、病気の前の体に戻りたい。

△ 山手線で一回りして、東京駅に戻る。

3. ～はずだ

表示以情理、经验、习惯、记忆等为依据，推测某一事物必然是这样的。是较有把握的推断。/应该……。理应……。

△ 小学校卒業生が減ることは、私立中学を選択する比率が変わらなければ入学者数が減少することを意味し、私立中学校にとっては死活問題であったはずだ。

△ 確かここにおいた筈なのに、いくら探しても見当たらない。

△ 今日は日曜日だから、どこでも休みのはずだ。

4. ～に分ける

①分成、分开。

△ 東京都区部と市部に分けた公立小学校からの私立中学の進学率の推移を見ると（図）、区部の進学率は、八〇年代後半のバブル期に10%から15%へと大きく伸び、九〇年代以

降伸びは緩やかになったが、2005年には20%を越えた。

△　母はケーキを四つに分けた。

△　横浜は三つの区域に分ける。

②分类、区分、分开

△　彼は本を大きさ別に分けた。

△　力士を出身地別に分ける。

△　会社を産業別に分ける。

5.　～に通う

①来去、来往、往返、经常来往（特指住在家里，每天上学、上班）。

△　この期間、私立小学校入学者は3～5%程度あり、彼らはたいてい同系列の私立中学に進学するので、東京都全体では現在四分の一弱が私立中学に通っていることになる。

△　趙さんはバイクで学校に通っている。

△　バスが東京から大阪まで毎日通っている。

②流通、（血液）循环。

△　空気は部屋によく通う。

△　電気が通う。

△　血は体の隅々に通っている。

③通往、通到。

△　抜け道はここから屋根裏まで通っている。

△　この村から隣村へ通うトンネル。

6.　～に比べる

①与……相比较。等于“～と比べる”。

△　第二の理由として、1985年以降三十歳代の大卒男子労働者の需要に比べ、供給が相対的に少なかったため、賃金格差が拡大したことが考えられる。

△　健二は自分の会社を兄の会社と比べた。

△　南半球は北半球に比べると、一般に開発が遅れている。

②比胜负，比赛，较量。

△　二人は自分たちの身長を比べた。

△　僕は君と腕を比べたい。

7.　～と同時に

表示前项与后项的行为在同一时间发生，也可以表示前后项的动作或行为同时并存。/……的同时……。一……就……。

△　バブルが崩壊して、家計所得が減少すると同時に、公立中学に落ち着きが戻った1990年以降も、私立中学進学率はなお伸びている。

△　彼は意思が強いと同時に、涙もろいところもある。

△　家に着くと同時に、雨が降り出した。

8.　～に伴なう

表示伴随，或随着前项事物的变化而进展。/随着……。伴随……。

△　他方、この時期は、学校週休二日制の順次導入に伴い、1989年、1992年と順次授業時数が減り、2002年の「ゆとり教育」導入に伴なう指導要領の改訂では、、三年間の授業時数が三千百五十時間から二千九百四十時間へと減らされ、特に数学の学習内容が三割カットされた。

△　収入の増加に伴って、支出も増えた。

△　自動車の数がふえるに伴って、事故も多くなった。

9.　副助词「とも」の使い方：

①全部，全都。

△　実際、三十歳代前半、後半とも、八十年代後半から賃金格差は拡大している。

△　三人とも及第した。

△　住所、氏名とも不明です。

②（表示分量、程度的大体界限）至……。最……。

△　遅くとも十時までに帰る。

△　多少とも常識のある人ならわかるはずだ。

三、文章理解のポイント

1. 日本では私立中学校への進学塾の理由を考えなさい。
2. 「ゆとり教育」とはどんな教育ですか。
3. なぜ三十代男性の賃金格差が拡大してきたのですか。
4. 中学生の親世帯の賃金格差拡大は、子供の進学にどんな影響を与えたのですか。
5. 日本のバブル経済の現状を考えなさい。

第三十五課　授業料・入学金

都道府県立高校の滞納総額、4 億 6 千万円

全国の都道府県立高校で、2006 年度の授業料・入学金の滞納が総額 4 億 6000 万円に上ることが毎日新聞の調査で分かった。督促強化や、条例・規則改正で出席停止・退学の措置をとれるようにするなど、対策強化に乗り出した自治体も多い。千葉県で入学金納付が遅れた生徒を入学式に出席させない事態が起きたが、専門家からは補助制度充実など国にも対策の強化を求める声が出ている。

【関連】

一、都道府県立高校の授業料入学金滞納額

調査は 47 都道府県教委を対象にした。授業料の滞納額は大阪府が最も多く 2 億 2611 万円（滞納者数 2768 人）。▽北海道 5072 万円（同 1060 人）▽神奈川県 4124 万円（同 775 人）――が続いた。

大阪府の滞納額は 2006 年度、前年度比約 1．7 倍になった。府教委は「滞納者には分割払いでも対応できるようにしているが、原因は分からない」と話す。東京都は 2300 万円で生徒数の多さに比べ低水準。都は「督促の努力と授業料減免制度の周知徹底を図ってきた成果」と説明する。

入学金の滞納額は計 317 万円。うち 310 万円（滞納者 570 人）は大阪府だった。授業料の滞納が原因の退学者は全国で 429 人に上り、うち大阪府が 419 人を占め、すべて授業料の滞納者だった。ただし、府教委は「きちんと出席する生徒は退学処分にはしていない」と説明している。

藤田英典・国際基督教大教授（教育社会学）の話　高校進学率は97.7%に達し、すでに準義務教育化している。公立学校を運営する自治体は、教育の機会を提供し保障する責任がある。経済的な理由で高校教育をあきらめる生徒がいるのは、好ましい事態ではない。自治体も減免制度を設けているが、奨学金や貸し付けなども含めて助成システムを国が整える時期に来ている。

（4月18日2時31分配信 毎日新聞）

二、社説：入学金未納　生徒を隔離したのは間違いだ

千葉県の県立高校が、入学式当日に納付を定めていた入学金などを持参しなかった男女生徒2人を式に参加させなかった。2人の保護者は遅れて全額あるいは一部を納め、2人は入学を認められたが、式には出られなかった。

問題の側面は二つある。一つは、第一義的に保護者の責任である問題で学校側が子供を式や他の新入生たちから隔離するような措置を取ったこと。もう一つは、今回に限らず、例えば義務教育段階でも給食費未納が全国的に見られることに相通ずる問題である。すなわちルール無視の風潮だ。

学校は3月の説明会で入学予定者の保護者たちに、全額納付が難しい場合は分納が可能で、事前に相談するようにと知らせていた。

一方、式参加を拒まれた男子生徒の保護者は「後で払う」と電話で答えたが、学校側は「滞納の可能性がある」と式参加を認めず、納付金全額が届けられた時には式は終わっていた。女子生徒の場合は、保護者の相談であらかじめ分納を認められていたが、その納付金がなかったので式参加を認めなかった。お金は夕方届けられたという。

今回の判断について校長は「授業料滞納が目立ち、未納は負担の先送りと思った。苦渋の決断だったが、当然の判断だったと思っている」と説明する。

既に学校に授業料滞納がある状況で、新入生の保護者に「後で」と言われても「これもやはり未納か」と疑い、毅然（きぜん）とした態度でルール厳守を求めよう――というのは一理ある。だが、それはまず保護者に働きかけるべきことであり、説明会で通告していたとしても、ただ一度しかない入学式の前で子供に「足止め」をかけるような措置をするのは誤りだ。これに関して子供には何の非もない。

だが、その誤りを批判するだけでは今回の問題を教訓として生かしきれまい。

近年の全国の給食費未納問題など、払えない正当な理由がないのに「踏み倒し」同然に支払いを拒否したり、学校に食ってかかる保護者の問題が広く指摘されている。さらには、無理難題を浴びせる「モンスターペアレント」も教員を悩ませる。一方で所得や地域格差で経済的に疎外された家庭が増え、教育経費を負いきれないという例も多く指摘されるようになった。

各学校がすべて個別に問題を抱え解決を図るのでは、限界がある。例えば、一定範囲の地域、教育委員会の管内などで各公的機関が連携し、事態の把握や利用しやすい相談窓口の設置、不当な不払いに対する迅速適正な措置などができるようにしてはどうか。学校も保護者・子供も、孤立するとえてして極端な手法を選択しかねない。子供を一時的にしろ引き離した今回のケースは、それを示唆している。

〔毎日新聞　2008 年 4 月 15 日　0 時 06 分〕

三、＜入学式＞佐世保工高でも参加させず　入学金未納の生徒 2 人

長崎県佐世保市の県立佐世保工業高校定時制（松山秀則校長）で、入学金を納めていなかった男子生徒 2 人を入学式に参加させていなかったことが分かった。生徒 2 人と保護者を校内の別室で待機させたが、保護者側が式後に分割納付などに応じたため、入学を許可した。

県教委と同校によると、新入生には 3 月末のオリエンテーションなどで、入学式当日に 4 月分の授業料を含む 6 万 3000 円を支払うように説明していた。しかし、8 日の入学式の際、生徒 2 人の保護者が払わなかった。式後に学校側は 2 人の保護者と話し合い、その場で、分割で支払う計画書の提出と、一部納付を受けたため、入学を許可した。

県立高校の入学手数料については条例で、入学時に納付するよう定められているという。

松山秀則校長は「子どもたちの気持ちを考えるとかわいそうで、断腸の思いだ。学校を含めどんな組織にもルールがあるということを、きちんと伝えることも私の仕事だと思った」と話した。

県教委高校教育課は「生徒には事前に十分説明しており、学校は苦渋の決断をしたと思う。やむを得ない判断だった」としている。

【山下誠吾、谷由美子】

同様のケースは今月 8 日、千葉県八千代市の県立八千代西高校でもあった。男女 2 人の生徒が式に出席できなかったが、当日中に一部または全部を支払ったため入学は許可された。

〔毎日新聞 2008 年 4 月 17 日〕

一、単語

1. はいしん〔配信〕（名词）　发布消息
2. たいのう〔滞納〕（名词）　滞纳，拖欠
3. とくそく〔督促〕（名词）　督促
4. のりだす〔乗り出す〕（自五）　出头露面，亲自出马
5. にゅうがくきんのうふ〔入学金納付〕（名词）　缴纳入学金
6. ぶんわりはらい〔分割り払い〕（名词）　分期付款
7. ていすいじゅん〔低水準〕（名词）　低水准
8. げんめんせいど〔減免制度〕（名词）　减免制度
9. しゅうちてってい〔周知徹底〕（名词）　众所周知
10. はかる〔図る〕（他五）　图谋，策划
11. たいがくしょぶん〔退学処分〕（名词）　退学处分
12. しんがくりつ〔進学率〕（名词）　升学率
13. あきらめる〔諦める〕（他下一）　断念，死心
14. このましい〔好ましい〕（形）　可喜，令人满意
15. かしつけ〔貸し付け〕（名词）　贷款
16. システム（名词）　组织，系统

17. しゃせつ〔社説〕（名词） 社论
18. みのう〔未納〕（名词） 未缴纳
19. かくり〔隔離〕（名词） 隔离
20. のうふ〔納付〕（名词） 缴纳
21. さだめる〔定める〕（他下一） 决定，规定
22. じさん〔持参〕（名词） 带来，自备
23. あるいは（接续词） 或，或是
24. おさめる〔納める〕（他下一） 缴纳，交纳
25. そくめん〔側面〕 侧面
26. ぎ〔儀〕（名词） 仪式，事情
27. きゅうしょくひ〔給食費〕（名词） 伙食费
28. そうつう〔相通〕（名词） 相通
29. すなわち（名词、副词） 也就是说，就是
30. ぶんのう〔分納〕（名词） 分缴，分期缴纳
31. じぜん〔事前〕（名词） 事前，未然
32. こばむ〔拒む〕（他五） 拒绝，阻挡
33. あらかじめ〔予め〕（副词） 预先，事先
34. くじゅう（苦渋）（名词） 苦涩
35. うたがい〔疑い〕（形） 疑问，怀疑
36. きぜん〔毅然〕（名词） 毅然，坚决
37. げんしゅ〔厳守〕（名词） 严守
38. はたらきかける〔働きかける〕（他下一） 推动，发动
39. あしどめ〔足止め〕（名词） 禁止外出，紧闭
40. どうぜんに〔同然に〕（副词） 和……一样，等于……
41. きょひ〔拒否〕（名词） 拒绝，否决
42. くってかかる〔食って掛かる〕（惯） 顶撞，极力争辩
43. あびせる〔浴びせる〕（他下一） 泼，浇，给与
44. モンスターペアレント（名词） 难缠家长
45. なやむ〔悩む〕（自五） 烦恼，苦恼
46. おいきれない〔負いきれない〕（词组） 负（担）不起

47. かかえる〔抱える〕（他下一）　　抱，承担
48. げんかい〔限界〕（名词）　　界限，范围
49. れんけい〔連携〕（名词）　　联合，合作
50. じんそくてきせい〔迅速適正〕　　迅速适当，迅速公平
51. ケース（名词）　　箱子，事例
52. しさ〔示唆〕（名词）　　示意，暗示
53. させぼ〔佐世保〕（地名）　　佐世保
54. ていじせい〔定時制〕（名词）　　定时制
55. まつやまひでのり〔松山秀則〕（人名）　　松山秀则
56. べっしつ〔別室〕（名词）　　别的屋子，特别室
57. たいき〔待機〕（名词）　　待命，伺机
58. オリエンテーション（名词）　　新人教育
59. てすうりょう〔手数料〕（名词）　　手续费
60. だんちょう〔断腸〕（名词）　　断肠，万分悲痛
61. けつだん〔決断〕（名词）　　决断，果断
62. やちよし〔八千代市〕（地名）　　八千代市
63. または（接续词）　　或，或者

二、文型

1. ～に達する

达到，到达，到。

△　高校進学率は97.7%に達し、すでに準義務教育化している。

△　天文的数字に達する。

△　彼の力量は専門家の域に達した。

2. ～に限らず

前接体言。表示不限于某一个范围。/不限于……。不只……。不仅……。

△　もう一つは、今回に限らず、例えば義務教育段階でも給食費未納が全国的に見られることに相通ずる問題である。

△　若い人に限らず、かなりの人でもお洒落をしている。

△　冬だけに限らず、夏でも風邪を引くことがある。

3.　～について

表示提出话题,并对其话题进行阐述。/关于……。有关……。就……。

△　今回の判断について校長は「授業料滞納が目立ち、未納は負担の先送りだ」と思った。

△　私の卒業論文は「日本の教育制度について」という題だった。

△　本部の移転問題について審議が行われた。

4.　～としても

接用言终止形。前项表示假定或既定的让步条件，后项是与前项相反的结论。/即使……也……。

△　説明会で通告していたとしても、ただ一度しかない入学式の前で子供に「足止め」をかけるような措置をするのは誤りだ。

△　できたとしても、あまりいいものはできません。

△　今からタクシーに乗ったとしても、時間に間に合いそうもない。

5.　～しかない

接动词连体形。表示没有别的办法，没有其它可能性，这是唯一可行的选择。/只有……。只好……。只能……。

△　ただ一度しかない入学式の前で子供に「足止め」をかけるような措置をするのは誤りだ。

△　いやなら、止めるしかない。

△　こうなったら、運を天に任せるしかない。

6.　～に関して

表示与某事物有关的问题、方面等。/有关……。

△　これに関して子供には何の非もない。

△　地質学に関しての本を借りてきた。

△　この点に関して、彼女の評判はよくない。

7.　～たり、～たりする

接用言连用形。表示动作、作用的并列或两个事项的反复交替。/

又……又……。时而……时而……。

△　近年の全国の給食費未納問題など、払えない正当な理由がないのに「踏み倒し」同然に支払いを拒否したり、学校に食ってかかる保護者の問題が広く指摘されている。

△　今日一日中雨が降ったり風が吹いたりしました。

△　見たり聞いたりしたことを作文に書いてみてください。

8.　～一方で

表示列举对立的两个事物或某事物的两个不同的方面。/一方面……。另一方面……。

△　一方で所得や地域格差で経済的に疎外された家庭が増え、教育経費を負いきれないという例も多く指摘されるようになった。

△　彼は、一方では女性の社会進出は喜ぶべきことだと言い、他方では女子社員は早く結婚して、退職したほうがいいと言う

9.　～ようになる

接用言连体形。表示事物状态的变化。

△　例も多く指摘されるようになった。

△　我が国でもできるようになった。

△　王さんはよくできるようになりました。

10.　～に対する

接体言。这个句型由格助词“に”后续动词“対する”构成。“に”表示限定范围，表示动作、行为的对象。/对于……。

△　不当な不払いに対する迅速適正な措置などができるようにしてはどうか。

△　この問題に対して、自分の考えを述べます。

△　女性に対する態度は丁寧です。

11.　～にしろ

接体言，形容动词词干、形容词连体形、动词连体形。「に」是格助

词，「しろ」是动词「する」的命令形，叠用「にしろ」。表示退一步承认前项，并在后项中提出与之相反或相矛盾的意见、看法。/即使……也……。就算……也……。

△ 子供を一時的にしろ引き離した今回のケースは、それを示唆している。

△ 社長の命令にしろ、簡単には引き受けられない。

△ 忙しかったにしろ、電話をかけてくるぐらいの時間はあるはずだ。

12. ～に応じる

接体言。格助词“に”表示动作所涉及的对象或范围，“応じて”是答应、相称、响应等意思。这个句型表示后者随前者的变化而变化，而前者的情况或状态又是后项动作发生或状态出现的根据。/按照……。根据……。“随着……。

△ 保護者側が式後に分割納付などに応じたため、入学を許可した。

△ 声に応じて、出て来たのは田中さんでした。

△ 科学の発達に応じて多くの新しい言葉が生まれました。

13. 终助词「こと」の使い方：

表示间接的命令或要求。

△ 一つは、第一義的に保護者の責任である問題で学校側が子供を式や他の新入生たちから隔離するような措置を取ったこと。

△ 図書館から借りた本は一週間以内に返すこと。

△ 場内ではたばこを吸わないこと。

14. 接续助词「ても」の使い方：

①表示假定逆接条件。/即使……也……。

△ 既に学校に授業料滞納がある状況で、新入生の保護者に「後で」と言われても「これもやはり未納か」と疑い、毅然（きぜん）とした態度でルール厳守を求めよう——というのは一理ある。

△　父が承知しても、私は協力しないつもりだ。

△　それがだめなら、死んでも死にきれない気持ちだ。

②　表示确定逆接条件。/尽管……可是……。

△　どんな努力しても、彼には勝てなかった。

△　いくら薦められても、聞き入れなかった。

△　何べん呼んでも返事がなかった。

15. タルト形容动词「とした」の使い方：

这类形容动词大部分由两个汉字组成词干，在文语里是「タリ」活用的形容动词。在现代日语口语里只有连用形「…と」和连体形「たる」的形式出现，所以叫タルト形容动词。现在多用「…とした」作连体形，用「…として」作连用形。

△　既に学校に授業料滞納がある状況で、新入生の保護者に「後で」と言われても「これもやはり未納か」と疑い、毅然（きぜん）とした態度でルール厳守を求めよう——というのは一理ある。

△　断固として拒絶する。

△　そのときの彼の態度は堂々としたものであった。

16. 助动词「べき」の使い方：

「べき」是文语助动词「べし」的连体形，接体言做定语，也可接「だ」结句。意义等于「…しなければならない」。/应该……。必须……。

△　だが、それはまず保護者に働きかけるべきことであり、説明会で通告していたとしても、ただ一度しかない入学式の前で子供に「足止め」をかけるような措置をするのは誤りだ。

△　友達の言うことは信じるべきだ。

△　君は自分の意見をはっきり表明すべきだ。

17. 接尾词「きれる」

表示全部做完或充分搞完。多用「动词连用形きれない」的形式。/……完，……尽。

△　だが、その誤りを批判するだけでは今回の問題を教訓として生かしきれまい。

△　一枚の紙に書ききれない。

△　いくら話しても話しきれない。

18. 否定推量助动词「まい」の使い方:

五段动词接在终止形后面，非五段动词接未然形后面（接在终止形后面也可）。表示否定内容的推测、想象。相当于「……ないだろう」

△　だが、その誤りを批判するだけでは今回の問題を教訓として生かしきれまい。

△　この天気では、山登りの人はあるまい。

△　だれが勧めても、向こうはとても聞き入れてくれまい。

19. 「では」の使い方:

接体言。表示假定，在从句的条件下，不可能有好结果。

△　各学校がすべて個別に問題を抱え解決を図るのでは、限界がある。

△　こんな雪では、道もわかるまい。

△　500円では、とても買えません。

20. 接尾语「やすい」

接动词连用形。「やすい」表示动作或状态容易进行。/容易……。

△　例えば、一定範囲の地域、教育委員会の管内などで各公的機関が連携し、事態の把握や利用しやすい相談窓口の設置、不当な不払いに対する迅速適正な措置などができるようにしてはどうか。

△　わかりやすい。

△　書きやすい筆。

21. 接尾语「かねない」

接动词连用形。表示很可能会出现不希望发生的某种事态。用于不好的倾向。/很可能……。也许会……。

△　学校も保護者・子供も、孤立するとえてして極端な手法を選択しかねない。

△　窓をあけたまま外出したら、泥棒が入りかねません。

△　あんなにスピードを出しては、事故も起こしかねません。

三、文章理解のポイント

1. 日本の都道府県立高校の授業料、入学金の滞納の状況について説明しなさい。
2. 日本のある学校は入学金未納なので、生徒を隔離したというやり方を取ったことについて、社会の人々の呼びかけはどうですか。
3. 上記の問題について、あなたはどう考えていますか。

第三十六課　民間施設で水泳授業、経費削減に利点

市立小学校のプールが老朽化したのを機に、福岡県古賀市は今年から、スポーツ施設での水泳授業を 1 校で試行している。移動に時間がかかるが、経費節減や教職員の負担軽減につながり、水質や安全管理の面でも利点が大きいという。市教委は来年度以降、この方式を他校にも広げる構えだ。

試行を始めたのは、市立青柳小学校（児童数 314 人）。今夏から市の健康文化施設「クロスパルこが」の屋内プール（25 メートル、8 コース）で授業をしている。

市教委によると、小学校の水泳の授業は年間 8～10 時間。6 月から 7 月の夏休み前までが普通だが、青柳小では 9 月中旬まで泳ぐ。6 月に気温が低くて泳げなかった学校があるなか、青柳小は水泳の時間を計画通り確保できているという。

2005 年にできた同施設は、民間のスポーツクラブが市の指定管理者として運営する。児童 1 人あたり 1 回 150 円（通常 310 円）の利用料で契約した。午前 10 時から一般利用が始まるため、水泳の授業は営業前の 1～2 時限目を充てている。

試行のきっかけは経費の問題が大きい。青柳小には 35 年前にできたプールがあるが、濾過（ろか）装置が不調で、補修費などに今年度は 128 万円が見込まれた。全面改修すると初期費用が 1 億 1 千万円。35 年間使うとして保守、補修費を加えた年間経費は 354 万円と試算された。

一方、同施設のプールを利用する場合は、学校から1．6キロの道を市のバス（28人乗り）で送迎する費用と合わせても、年間81万円程度ですむという。

また、施設を使うと専門職員がいるため、学校のプールでの授業と比べて指導や安全管理を担当する教職員が少なくてすむ。年間を通じての水泳授業も可能なことや、紫外線対策のテントがいらないことも利点として挙げられている。久保田しげよ校長は「きれいな水で、子どもたちは喜んでいる。水質管理をしなくてすむのがありがたい」と話す。

一方、時間割りの設定が制約されるマイナス面もある。低学年の授業では水中ベンチを敷き詰めて水深を浅くしているが、学校の小プールを経験した児童の中には、やや深いので「こわい」という子もいるという。

市内には小学校が8校あり、市教委はプールの傷みが進む別の小学校でも民間施設の利用を検討している。市教委の長谷川清孝学校教育課長は「経費節減の観点だけで、全校が同じようにはいかない。移動に時間がかかる問題もある。適当な施設があれば、地域に応じた利用を進めたい」と話している。

〔朝日新聞2008年9月25日〕

一、単語

1. ろうきゅうか〔老朽化〕（名自サ）　老朽，破旧
2. こがし〔古賀市〕（地名）　古贺市
3. せつげん〔節減〕（名他サ）　节俭，节省
4. けいげん〔軽減〕（名自他サ）　减轻，减少
5. すいしつ〔水質〕（名词）　水质
6. いこう〔以降〕（名词）　以后
7. かまえ〔構え〕（名词）　构造
8. あおやぎ〔青柳〕（名词）　青柳
9. こんか〔今夏〕（名词）　今年夏天

10. クロスパルコ（专） 文化设施名称
11. おくない〔屋内〕（名词） 室内
12. けいかく〔計画〕（名词） 计划
13. かくほ〔確保〕（名他サ） 确保，保持住
14. クラブ（名词） 俱乐部
15. けいやく〔契約〕（名他サ） 契约，合同
16. じげん〔時限〕（名词） 时限，课次
17. あてる〔充てる〕（他下一） 碰，撞，接触，放
18. きっかけ（名词） 机会，契机
19. ろか〔濾過〕（名他サ） 过滤
20. そうち〔装置〕（名他サ） 装置，装备
21. ふちょう〔不調〕（名/形动） 不顺利，不正常
22. ほしゅうひ〔補修費〕（名） 修补费
23. みこむ〔見込む〕（他五） 估计，预料，期待
24. しさん〔試算〕（名他サ） 试算，验算
25. そうげい〔送迎〕（名他サ） 迎送，接送
26. たんとう〔担当〕（名他サ） 担当，担任
27. しがいせんたいさく〔紫外線対策〕（名词） 对付紫外线
28. テント（名词） 帐篷
29. くぼたしげよ〔久保田しげよ〕（人名） 久保田茂世
30. ありがたい（形容词） 值得感谢的，值得庆幸的
31. じかんわり〔時間割〕（名词） 功课表，课程表
32. マイナス（名词） 负的
33. ベンチ（名词） 长椅，长凳，领队席
34. しきつめる〔敷き詰める〕（他下一） 铺满
35. すいしん〔水深〕（名词） 水深
36. やや（副词） 稍稍，稍微
37. けんとう〔検討〕（名他サ） 研讨，研究
38. はせがわきよたか〔長谷川清孝〕（人名） 长谷川清孝

二、文型

1. …を機に（と）する

该句型是“…を…にする”变化而来。“を”前面接体言表示宾语。相当于“把……作为契机”之意。/“把……作为机会”。

△ 市立小学校のプールが老朽化したのを機に福岡県古賀市は今年から、スポ——ツ施設での水泳授業を1校で試行している。

△ これを機として日本語を勉強し始めました。

△ それを機としてヨーロッパをまわりました。

2. あたり

以“数词あたり”的形式出现，相当于汉语的“平均”，“每”的意思。/“平均”。“每”。

△ 児童1人あたり1回150円（通常310円）の利用料で契約した。

△ 畝あたりの値段は500万元です。

△ ひとりあたり1冊。

3. …と比べて

“と”是格助词，表示“比べる”的对象，接在体言下使用。/“与……相比”。

△ 学校のプールでの授業と比べて指導や安全管理を担当する教職員が少なくてすむ。

△ 日本と比べて中国は人が多い。

△ 今年の夏は昨年と比べて少し寒かったです。

4. …を通じての

“通じる”是自他动词。本文中的“通じる”是他动词的用法。相当于“开通”，“使对方理解”，“联系”的意思。多用“～を通じて”的形式表示“通过”和“在整个期间，范围内”的意思。接续助词“て”和格助词“の”重叠表示定语。/“整个期间”。

△ 年間を通じての水泳授業も可能なことや、紫外線対策のテントがいらないことも利点として挙げられている。

△ 一年を通じてそのように生活している。

△ 年間を通じて英語だけ習っている。

三、文章理解のポイント

1. 福岡県古賀市は今年から試行される水泳授業の利点と不足点は何ですか。
2. 青柳小学校の水泳時間はどのように計画されましたか。
3. 青柳小学校のプールを例として、主な問題は何でしょうか。
4. 民間のスポーツクラブを利用したら利用料と時間についてどう契約しましたか。
5. 長谷川清孝学校教育課長の話によれば、何を進めたいと話していましたか。どうしてですか。

第三十七课　天声人語

（一）

「○○で愛を叫ぶ」といったイベントがある。キャベツ畑だったり、日比谷公園だったり。その一言を大声で発するためだけに、遠路はるばる同好の士がやって来る。心で温め、何度も唱えてきた思いは、観衆を得て腹の底から響き渡る。「それ」を言わんとして、大臣に就いたとしか思えない。「日教組をぶっ壊すために火の玉になる」。中山成彬氏は熱く叫び、目にもとまらぬ早さで国土交通相を辞任した。この内閣のあすを暗示するかのような、在任約90時間の幻影だった。日教組が余程お嫌いとみえる。「日本の教育のがん」だという。だが、憲法21条は結社や集会の自由を保障している。気にくわない組織でも、合法なら認めるのが民主主義のイロハ。東大法学部を出て知らないはずはない。どんな日教組観を持とうが結構だが、外から「解体」できると考えるのは危ない思想だ。それも畑で愛を叫ぶがごとく、思いの丈をぶちまけた。浅慮とか、正論だが立場をわきまえずのたぐいではない。暴論ところ構わずである。中山氏は勢い余り「小沢民主党も解体しなければ」と言い放った。一連の発言はしかし、どう見ても与党の足を引っ張り、民主党を利するだけだろう。国会議員の見識ばかりか政治家としての大局観を欠いている。任せた首相の眼力を問いたい。地位に似合わぬ面々が色んなお粗末をやらかし、失笑に送られ退場していく。面白うてやがて悲しき自民劇場。こんなものを長々と見るために納税してるんじゃないぞ。永田町の中心で、そう叫びたくなった。

〔朝日新聞2008年9月29日〕

（二）

一説によると、きのうはある野球用語が米国で生まれた日とされる。1885年9月30日、シカゴ・ホワイトストッキングス（現カブス）の優勝を左右する試合。7回に打ち上げた平凡なフライが風に乗り、決勝ホームランになった。「ラッキーセブン」の始まりだ。昨日の東京株式市場は前日のニューヨークでの暴落を受け、ラッキーどころか3年ぶりの安値に沈んだ。史上最大というＮＹの下げ幅は777ドル。スロットマシンなら「トリプルセブン」の大当たりだ。お金の神様も皮肉がきつい。火元は金融安定化法案を否決した米下院。政府と議会幹部の合意もむなしく、有権者の怒りを恐れた議員が造反した。特に共和党は「7」割近くが反対に回り、ブッシュ大統領の面目はない。逆転ホームランになるはずの一打が、世論の風に戻されて凡飛球である。危ないもうけ話の果てに米金融機関が抱えた巨万の不良資産。それを最大「7」千億ドルの公的資金で買い取る策に、国民の反発は強い。あとは自伝を書くだけの大統領と違い、選挙を控えた議員は風が気になる。「下院議長は女性。ちょっと男性とはひと味違うような気がする、リードが。それで破裂した」（笹川尭・自民党総務会長）の言はいただけない。危機は世界に飛び火しており、男とか女とか気楽に論評している時ではない。米国の対策が動くまでは神頼み。それもこれも、楽してもうけようとしたツケだろう。元来「7」は神々しい数とみえ、戒めにも使われる。例えば「七つの大罪」に強欲というのがある。

〔朝日新聞2008年10月1日〕

（三）

〈路上で寝るときは段ボールから顔を出しておくべし〉。本紙生活面に、男性ホームレスの「助言」が載った。その箱の中に生身の人間がいると知らせないと、通行人に蹴（け）られるのだという。いつの世も野宿はつらい。夜更けから明け方の大都市は、ささやかな屋根と寝床を求める人であふれる。終電を逃した勤め人、歓楽街にたむろする少年少女、帰るべき場所のない日雇い労働者もいよう。きのう煙に包まれたのも、そんな「宿」の一つだった。大阪の個室ビデオ店の火事で、男性客 15 人が亡くなり、放火や殺人の疑いで客の男が捕まった。1 畳余りの個室が 32.8 割ほどが埋まっていたという。共用のシャワーがあり、1500 円で一夜を明かせるとなれば、ホテル代わりの利用も多くなる。漂泊の俳人、種田山頭火は〈泊（とま）るところがないどかりと暮れた〉と詠じた。こうした境地に、誰もがたどり着くわけではない。かくして「雨露をしのぐ＋α」のサービスが繁盛する。より安く、より気持ちよく朝を迎えたいという需要が、眠らないネットカフェやマンガ喫茶を新手の宿に変えてきた。惨事のたびに防火や避難の規制は厳しくなるが、都市は生き物。色んな「屋根と寝床」が料金や快適さを競い、新しい夜を提案し続ける。「悪意」まで封じる防火策を店に求めるのは酷だろうか。「段ボールから顔を出す」ような用心が要るのでは、お金を払う意味がない。とはいえ、利用者もせめて、逃げ道を確かめるなどの自衛策を講じたい。すでに「どかりと暮れる」季節である。

〔朝日新聞 2008 年 10 月 2 日〕

一、単語

1.	イベント（名词）	事件、事变、结局
2.	キャベツばたけ〔キャベツ畑〕（名词）	圆白菜园子
3.	ひびやこうえん〔日比谷公園〕（名词）	日比谷公园
4.	ひとこと〔一言〕（名词）	一句话、只言片语
5.	えんろ〔遠路〕（名词）	远道、远路
6.	はるばる（副词）	遥远、远
7.	どうこうのし〔同好の士〕（名词）	同好之士
8.	となえる〔唱える〕（他下一）	念诵、高呼、提倡
9.	ひびきわたる〔響き渡る〕（自五）	响彻四方
10.	だいじん〔大臣〕（名词）	大臣，部长

11. ぶっこわす〔打っ壊す〕(他五)　打破、摔坏
12. ひのたま〔火の玉〕(名词)　火团、火球
13. なかやまなりあき〔中山成彬〕(人名)　(日本交通大臣)中山成彬
14. じにん〔辞任〕(名自サ)　辞任、辞职
15. げんえい〔幻影〕(名词)　幻影
16. にっきょうそ〔日教組〕(名词)　日本教职员团体
17. よほど〔余程〕(副词)　很,相当
18. がん〔癌〕(名词)　癌
19. けっしゃ〔結社〕(名词)　结社
20. きにくわない〔気に食わない〕(惯用句)　不满、不中意
21. イロハ(名词)　初步、入行
22. たけ〔丈〕(名词)　高矮、长短、全部
23. ぶちまける(他下一)　倾倒一空、毫不隐讳
24. 浅慮(せんりょ)(名词)　考虑不周
25. わきまえる〔弁える〕(他下一)　辨别、通达事理
26. たぐい〔類〕(名词)　类、同类、……之流
27. ぼうろん〔暴論〕(名词)　谬论
28. いきおい〔勢い〕(名词)　力量、劲头、气势
29. いいはなつ〔言い放つ〕(五他)　断言、信口说
30. よとう〔与党〕(名词)　执政党
31. ひっぱる〔引っ張る〕(五他)　用力拉、引进、拉拢
32. まかせる〔任せる〕(他下一)　听任、委托、充分发挥
33. がんりょく〔眼力〕(名词)　眼力
34. いろんな〔色んな〕(连体)　各种各样的
35. そまつ〔粗末〕(形容动词)　粗糙、简慢、轻视
36. やらかす〔遣らかす〕(五他)　做、干、搞(“やる”的俗语)
37. しっしょう〔失笑〕(名词、自サ)　失笑
38. のうぜい〔納税〕(名词)　纳税
39. ながたちょう〔永田町〕(地名)　永田町
40. いっせつ〔一説〕(名词)　一说、异说

41. シカブ・ホワイストッキングス（名词） 长筒袜（丝袜）
42. カブス（名词） 卡布斯（球队名）
44. 平凡なフライ（名词） 小飞球
45. ホームラン（名词） 本垒打
46. ラッキーセブン（名词） 幸运的第七局
47. やすね〔安値〕（名词） 价钱便宜、低值
48. しずむ〔沈む〕（五自） 沉浸
49. スロットマシン（名词） 自动售货机、自动赌博机
50. トリプルセブン（名词） 波音 777 型客机
51. おおあたり〔大当たり〕（名词、自サ） 中头奖、非常成功、大丰收
52. きつい（形容词） 厉害的、苛刻、吃力、挤
53. ひもと〔火元〕（名词） 有火的地方、起火处、祸根
54. ひけつ〔否決〕（名他サ） 否决
55. かいん〔下院〕（名词） 下院（两院制议会的）
56. むなしい〔空しい〕（形容词） 空的、虚假的、纵然的
57. ぞうはん〔造反〕（名自サ） 造反
58. めんぼく〔面目〕（名词） 脸面、面目、体面
59. ぎゃくてん〔逆転〕（名自他サ） 逆转、倒转
60. ひとうち〔一打ち〕（名词） 一击、一下子打倒
61. ぼんひきゅう〔凡飛球〕（名词） 普通的腾空球
62. もうけばなし〔もうけ話〕（名词） 黄色小笑话
63. はて〔果て〕（名词） 边、边际、尽头
64. かいとる〔買い取る〕（五他） 收购，买过来
65. ひかえる〔控える〕（下一他） 勒、节制、打消念头
66. ひとあじちがう〔一味違う〕（连语） 有一点不同，异样
67. リード（名自他サ） 领导、领先、（棒球）离垒
68. はれつ〔破裂〕（名词、自サ） 破裂、决裂
69. ささかわたかし（笹川尭）（人名） 世川尧
70. こと〔言〕（名词） 话
71. かみだのみ〔神頼み〕（名自サ） 求神保佑

72. それもこれも（连语） 一切
73. ツケ（名词） 记帐
74. かみがみしい〔神々しい〕（形容词） 像庙里的人、像神仙似的、装神弄鬼
75. いましめ〔戒め〕（名词） 告诫、训诫、教训
76. だいざい〔大罪〕（名词） 大罪
77. ごうよく〔強欲〕（名词、形容动词） 贪婪、贪心
78. だんボール〔段ボール〕（名词） 纸箱
79. ホームレス（名词） 无家可归者
80. しゅっしん〔出身〕（名词） 出生地、籍贯
81. ける〔蹴る〕（五他） 踢、拒绝
82. のじゅく〔野宿〕（名自サ） 在露天过夜
83. よふけ〔夜更け〕（名词） 深夜
84. ささやか（形容动词） 细小、简单
85. ねどこ〔寝床〕（名词） 睡觉的床或地方
86. あふれる〔溢れる〕（下一自） 溢出、充满
87. しゅうでん〔終電〕（名词） 末班电车
88. かんらくがい〔歓楽街〕（名词） 红灯街区
89. たむろする〔屯する〕（名自サ） 屯集、群集
90. ひやとい〔日雇い〕（名词） 日工
91. うたがい〔疑い〕（名词） 疑惑、嫌疑
92. つかまえる〔捕まえる〕（下一他） 抓住、捕捉
93. うまる〔埋まる〕（五自） 埋上、沾满
94. ひょうはく〔漂泊〕（名词、自サ） 漂泊、流浪
95. たねたやまとうか〔種田山頭火〕（人名） 种田山头火
96. えいじる〔詠じる〕（上一他） 咏诵
97. たどりつく〔たどり着く〕（五自） 好容易才走到
98. かくして（接续） 等于“こうして”、“このようにして”
99. うろ〔雨露〕（名词） 雨露

100. しのく〔凌ぐ〕(五他)　　忍耐、克服
101. ネットカフェ(名词)　　网吧
102. マンガ喫茶(名词)　　漫画茶店
103. しんて〔新手〕(名词)　　新的方法、手段
104. さんじ〔惨事〕(名词)　　惨事、惨案
105. ほうじる〔封じる〕(上一他)　　封
106. こく〔酷〕(形容动词)　　酷、苛刻
107. せめて(副词)　　哪怕、最少
108. こうじる〔講じる〕(上一他)　　讲授、谋求、采取

二、文型

1. ～だったり～だったり

"たり"是并列助词，接在用言连用行下面，后接"する"，表示列举。/"又……又……"."……什么的……什么的"."或者……或者……"。

△　キャベツ畑だったり、日比谷公園だったり。

△　起きたり休んだりして、一日を過ごした。

△　あつかったり、寒かったりして、天気は変化が大きい。

2. ～ん、ぬ

"ん"、"ね"是文语否定助动词，表示否定和消极的意思。等于口语中的"ない"。/"不……"."没……"。

△　「それ」を言わんとして、大臣に就いたとしか思えない。

△　わたしは何も知らぬ(ん)。

△　ぜんぜんわからん(ぬ)。

3. ～ごとく

"ごとく"是文语比况助动词，接在体言の，动词连用形下面，与口语中的比况助动词"よう"的用法相同。表示比喻，例示和委婉的判断推量等意思。/"好像……一样"."ごとく"是连用形式，"ごとき"是连体形式，"ごとし"是终止形式。

△　それも畑で愛を叫ぶがごとく、思いの丈をぶちまけた。

△　北京のごとく大都会では毎日ほとんど火事がある。

△　光陰は矢のごとし。

4.　～ばかりか～も

接在体言，用言连体形下，“も”是提示助词，表示兼题并论。该句型表示“递进”，后一句有进一层的意思。/“不但（不仅）……而且（还）……”

△　国会議員の見識ばかりか政治家としての大局観を欠いている。

△　王さんは日本語ばかりか英語もできる。

△　毎日貯金ばかりか、食事も十分できなかった。

5.　～ぞ

“ぞ”是终助词，表示意义①（自言自语）提起注意，并有疑问的语气②（男性同同辈或对晚辈的用语）强调自己的立场③接在推量助动词“う、よう”下面表示反问等等。/“呀”，“呢”

△　こんなものを長々と見るために納税してるんじゃないぞ。

△　あれ、変だぞ。

△　そら、投げるぞ。

6.　～どころか

接在体言、动词、形容词连体形，形容动词词干、副词、助词下面，表示比较标准，说明前后两者程度相差很远。通过否定前句内容，加强肯定后句。/“不但……而且……”。“根本谈不上”。

△　「ラッキーセブン」の始まりだ▼昨日の東京株式市場は前日のニューヨークでの暴落を受け、ラッキーどころか 3 年ぶりの安値に沈んだ。

△　君は日本語が下手どころか、なかなか上手ですよ。

△　今日は暑いどころか、蒸し暑いですね。

7.　～ぶり

“ぶり”结尾语，接在名词、动词连用形下面，表示样子、方式或时间的经过等意思。/“情况、状态”。“方法、方式”。“相隔”。

△　ラッキーどころか 3 年ぶりの安値に沈んだ。

△　熱心な勉強ぶり。

△　久しぶりですね。

8.　より

　　“より”是格助词，接在体言下面，表示比较或“从、由”的意思。接在动词连体形下，表示“与其……倒不如……”，接在副词、形容词、形容动词前面，构成副词性质，表示“更”。“更加”。

　　△　より安く、より気持ちよく朝を迎えたいという需要が、眠らないネットカフェやマンガ喫茶を新手の宿に変えてきた

　　△　電車に乗るより歩くほうがいい。

　　△　より大きな勝利をかちとろう。

9.　～とはいえ

　　接在体言、用言终止形下面，格助词“と”指出后续动词“言う”的内容，“は”是提示助词，突出和加强“と”、“言え”是“言う”的命令形。该句型表示逆态接续，属书面语言。/“虽说……然而……”。

　　△　とはいえ、利用者もせめて、逃げ道を確かめるなどの自衛策を講じたい。

　　△　やさしいとはいえ、勉強しなければやはりできない。

　　△　成功したとはいえ、まだ努力しなければならない。

三、文章理解のポイント

1.　“○○で愛を呼ぶ”と言ったイベントがあると言うことは何を比喩していますか。

2.　“日教組”の問題は何ですか。

3.　日本では“7”という数字についてどう考えていますか。

4.　文章では“7”という数字と関連したことをいくつあげましたか。内容は何ですか。

5.　“どかりと暮れる”季節の意味は何ですか。

6.　文章“三”はどんなことを述べましたか。

第三十八課　スポーツ大会——精神障害者も共に流す汗

スポーツで流す汗が気持ちの良い季節になった。

国体が開かれた大分県で、11日から第8回全国障害者スポーツ大会が開かれている。今回は歴史的な大会だ。

精神障害者が正式競技に初めて参加した。男女混合のバレーボールに、全国の予選を通過したチームと開催県からの計7チームが出場し、優勝を争う。障害のある人たちのスポーツを通した社会参加がさらに広がるわけだ。

障害者スポーツの全国大会は身体障害者が一番早く、1965年に第1回が開催された。1992年には知的障害者の大会が続いた。二つの大会は2001年に統合された。

精神障害者の間ではバレーボールなどが盛んだったが、そのころは全国大会もなく、参加は見送られた。

それでも関係団体や精神障害者自身の努力によって、2001年にはバレーボールの独自の全国大会が開催された。2002年からは全国障害者スポーツ大会のオープン競技となった。こうした積み重ねが今回の正式参加につながった。

2002年につくられた政府の障害者基本計画が、精神障害者のスポーツは他の障害者に比べて遅れており、振興すべきだとしたことも参加を後押しした。

高知市を拠点とする龍馬クラブは、中国・四国ブロックの代表として出場した。2001年に結成され、過去の大会で何度も優勝している強豪チームで、メンバーは職についている人もいれば、作業所などに通っている人もいる。

コーチ役の保健所の相談員らが、選手の体調にも気を配る。監督はボランティアで週1回の練習を指導する。

各地の大会に参加するには、飛行機に乗ったり、宿泊をしたりする必要がある。ふだん遠出することが少ないメンバーにとっては生活環境が大きく変わるが、仲間同士の助け合いもあって、乗り越えてきたという。

好きなスポーツをすれば、充実感が得られ、チームプレーでは人間関係を築く力も鍛えられる。全国大会に参加できるようになれば、なおさらだ。

そうしたことを、障害者もごく普通にできるように条件を整えるのがノーマライゼーションの考え方だ。その点で今回、精神障害者が全国スポーツ大会に参加する意味は大きい。

精神障害者のスポーツは少しずつ広がりを見せている。昨年秋、大阪府内の8チームが参加してフットサルの大会が初めて開かれた。

昨年は運営に協力したガンバ大阪が、今秋の大会では主催者になる。Ｊリーグのスポーツ振興支援費で、ガンバ大阪は月に2回、府内の精神障害者のサッカーの指導もしている。

スポーツで競い、感動することにおいて、健常者と障害者に違いはない。そうした思いを大切にして、「共生社会」への道を歩みたい。

〔朝日新聞2008年10月12日〕

一、単語

1. こくたい〔国体〕（名词） 国民体育大会
2. おおいたけん〔大分県〕（地名） 大分县
3. しょうがいしゃ〔障害者〕（名词） 残疾人
4. きょうぎ〔競技〕（名自サ） 体育比赛
5. チーム（名词） 队
6. けい〔計〕（名词） 合计

7. かいさいけん〔開催県〕(名词) 承办县
8. ゆうしょう〔優勝〕(名自サ) 优胜
9. あらそう〔争う〕(他五) 争夺，斗争
10. さらに〔更に〕(副词) 更，越发，进步
11. ちてき〔知的〕(形容动词) 理智的，智慧的
12. とうごう〔統合〕(名他サ) 统一，合并，集中
13. みおくる〔見送る〕(他五) 送行
14. オープン(名词) 公开比赛
15. つみかさねる〔積み重ねる〕(他下一) 堆起来，积累
16. しんこう〔振興〕(名自他サ) 振兴
17. あとおし〔後押し〕(名他サ) 后援，后台，从后面推的人
18. きょてん〔拠点〕(名词) 据点
19. りゅうばクラブ〔龍馬クラブ〕(名词) 龙马俱乐部
20. ブロック(名词) 集团，阵营，街区
21. きょうごう〔強豪〕(名词) 坚强，利害，强手
22. メンバー(名词) 成员
23. かよう〔通う〕(五自) 来往，通行，流通
24. コーチ役(名他サ) 教练员，指导员
25. たいちょう〔体調〕(名词) 身体条件，竞技状态
26. きをくばる〔気を配る〕(惯用语) 留神，照顾
27. かんとく〔監督〕(名他サ) 监督者，监督，领导人
28. ボランティア(名词) 志愿者
29. しゅくはく〔宿泊〕(名自サ) 住宿，投宿
30. なおさら〔尚更〕(副词) 更，越发
31. なかまどうし〔仲間同士〕(名词) 伙伴们，同伴们
32. たすけあい〔助け合い〕(名词) 互相帮助
33. のりこえる〔乗り越える〕(下一自) 超越，超过，克服
34. じゅうじつかん〔充実感〕(名词) 充实感
35. チームプレー(名自サ) 全队协作
36. きずく〔築く〕(他五) 修筑，建筑，建立

37. きたえる〔鍛える〕（下一他）　锻炼
38. ごく〔極〕（副词）　极，最
39. ととのえる〔整える〕（下一他）　整理，整顿，准备
40. ノーマライゼーション（名词）　标准化，正常化，规格化
41. フットサル（名词）　足球运动的一种（小规模）
42. ガンバ大阪（名词）　大阪足球队的队名
43. Ｊリーグ（名词）　日本足球联赛
44. けんじょうしゃ〔健常者〕（名词）　健康人
45. きょうせいしゃかい〔共生社会〕（名词）　共生社会
46. あゆむ〔歩む〕（自五）　走，行走，前进

二、文型

1. ～わけだ

“わけ”形式名词，接在用言连体形下，表示自明的“道理”，“理由”等意。/“当然”。“自然”。

△ 障害のある人たちのスポーツを通した社会参加が更に広がるわけだ。

△ みんなが手伝いにきてくれたから、仕事を早くやってしまったわけだ。

△ 彼は長い間日本に住んでいたから日本の事情をよく知っているわけだ。

2. ～人もいれば、～人もいる

是“体言も用言假定形，体言も”的句型，“も”表示列举事物，接续助词“は”和提示助词“も”呼应。表示同类事项的并列。/“既……又……”。

△ メンバーは職についている人もいれば、作業所などに通っている人もいる。

△ 長所もあれば、短所もある。

△ 図書館には英語の本もあれば、日本語の本もある。

3. ～ようになれば

由“ようになる”句型变化而来，接在动词连体形下面，表示事物演变，变化过程。“ように”是比况助动词“ようだ”的连用形。/“变得……”。

△　全国大会に参加できるようになればなおさらだ。

△　中国は宇宙飛船作れるようになった。

△　泳げるようになれば、その川を渡ることができます。

4.　～月に2回

“に”是格助词，接在数词和数词之间，表示比较的标准。灵活翻译。

△　ガンバ大阪は月に2回、府内の精神障害者のサッカの指導もしている。

△　一日に一度川で泳ぐ。

△　薬を一日に三回飲んでください。

三、文章理解のポイント

1.　日本では障害者スポーツ全国大会は第一回がいつ開催されましたか。いつ身体障害者と知的障害者の大会は統合されましたか。

2.　精神障害者の間では何か盛んでしたか。いつバレーボールの独立の全国大会が開催されましたか。

3.　障害者、とくに精神障害者は大会に参加するにはどんな問題は遠慮すべきですか。

4.　精神障害者が全国スポーツ大会に参加する意味は何ですか。

5.　「共生社会」の意味は何でしょうか。